重新定义学校

Redefining School

李希贵 著

中国人民大学出版社
·北京·

图书在版编目（CIP）数据

重新定义学校 / 李希贵著. —北京：中国人民大学出版社，2017.6

ISBN 978－7－300－24606－2

Ⅰ. ①重… Ⅱ. ①李… Ⅲ. ①中学—校长—学校管理—经验—北京 Ⅳ. ①G637.1

中国版本图书馆CIP数据核字（2017）第144621号

重新定义学校

李希贵 著

Chongxin Dingyi Xuexiao

出版发行	中国人民大学出版社		
社　　址	北京中关村大街31号	**邮政编码**	100080
电　　话	010－62511242（总编室）		010－62511770（质管部）
	010－82501766（邮购部）		010－62514148（门市部）
	010－62515195（发行公司）		010－62515275（盗版举报）
网　　址	http://www.crup.com.cn		
经　　销	新华书店		
印　　刷	北京华宇信诺印刷有限公司		
开　　本	720毫米×1020毫米　1/16	**版　　次**	2017年12月第1版
印　　张	17.25　插页1	**印　　次**	2025年10月第16次印刷
字　　数	220 000	**定　　价**	68.00元

目录
Contents

第三讲　走向个别化

第四讲　寻　找

第五讲　学校变革的冲突

第六讲　那个仍被称作学校的地方

第七讲　危机的学校和繁荣的教育

第八讲　从单位到社区

第九讲　从世界观到方法论

第十讲　寻找 2.0

第十一讲　基于标准的学习

自序

Preface

在这本书之前，已经有一本书《新学校十讲》，汇集了 2007 年 1 月至 2012 年 4 月我在全国新学校行动研究年会上的报告，那本书序言的题目，正是今天这本书的名字，叫作“重新定义学校”。

为什么要进行新学校行动研究？为何要重新定义学校？其实，原因特别简单，因为我们的学校已经变异，变得越来越不受孩子喜欢，孩子们热爱学习却不喜欢学校。这使得我们这些天天待在学校里的人特别苦恼，让我们这些愿意终生献身教育的人尤其感到遗憾。《新学校十讲》集中报告了自 2007 年至 2012 年五年的思考与探索，记载了我们在追寻“学生快乐，教师幸福，社会满意”的新学校旅程中的尝试和挣扎。幸运的是，当我们循着学生成长的指向全神贯注并全力以赴时，就真的有了一些“野渡无人舟自横”的底蕴，我们似乎看到了那个可以被称为学校的地方。

十年来的行动研究，越来越让我们感受到涵养学校生态的意义，有所不为甚至比有所为更加难能可贵，一所给师生留有空间、可以带给他们自由呼吸的学校，必须首先划出自己的管理边界，非常明确地知道不能突破的底线，以便让师生的创意在一个没有权力横行的桃花源里，自由自在地萌发并无拘无束地生长。

当然，良好的学校生态仍需要我们的管理者有所作为。长期的行动研究和大量的实践探索告诉我们，只有我们在学校治理结构、课程体系和教师队伍建设三大领域里精耕细作并深耕不辍，理想的生态才会得到涵养。然而，现实的情况是，大部分管理者往往不愿或不敢在这三个领域里开枪动刀，因为这往往容易使一所学校伤筋动骨，既影响政校关系，又涉及教师利益，既需要系统设计、统筹兼顾，更需要披荆斩棘、胆大心细。因而，避重就轻，绕开这些令人生畏的沟沟坎坎，就成为许多人的选择。而这样的选择常常让管理者进入本该涵养的属于师生的教育领地，这也必然导致我们陷入破坏生态的怪圈。

本书收集的十一个报告，大都是 2012 年至今我在全国新学校行动研究年会上的演讲，大部分内容不同程度地涉及学校治理结构、课程体系和教师队伍建设，尤以涉及课程体系内容的分量最大。在新学校的体系里，我们把课程作为学校的产品，以此为学生的成长服务。我们认为，唯有如此，我们才会正确定位我们的教育，也才会真正实现以学生为中心的教育追求。

李希贵

2017 年 9 月 30 日

| 第一讲 |

学校转型期的挑战与挣扎

尊敬的各位同仁，大家下午好！

新学校行动研究到今天已走过六个年头。2007 年 1 月 6 日，在北京师范大学兰蕙公寓的一间狭小会议室里启动了这场行动研究。当时，我们确定了一个非常明确的切入点，就是从学校的问题出发。我们希望通过研究老师和学生的抱怨来寻找背后的原因，解决学校发展中的根本问题。我们希望所有的学校能够从六个领域里展开研究，那就是：课程、学生、制度、文化、教师和校长。每一所学校因为办学传统不一、历史积淀不同，肯定会遇到不一样的问题、面临不同的挑战，因而，每所学校可以研究不同的领域。

在北京市十一学校里，我们边实践边研究，一路走来越研究越感觉到学校的问题大都聚焦在课程上。很多矛盾、很多问题，找来找去，最后发现根子就在课程。所以，两年前，我们启动了新一轮课程改革。这场改革与国家的课程走向完全一致。我们过去的课程一直是大一统的，学校可以发挥的空间只有课外活动，而活动不在课程之内，它既没有课程的权威性，也不可能有系统的规划，因而在实施过程中也没那么规范。

1999 年开始进行的第八次课程改革有一个重大突破，即国家允许地方和学校在国家课程之外，开发地方课程和学校课程。大部分学校，把国家课程、地方课程和学校课程简单地加在一起，三者不但很难融合，相互重复、互不关联的地方很多，而且不断做加法，很容易增加学生的负担。

所以，我们感觉有必要进行一个大的突破。这个大的突破就是把国家课程、地方课程和学校课程整合在一起，形成一个整体的、系统的课程体系。我们不再在学校里分国家课程、地方课程和学校课程，而是一切从学生的需求出发，以国家课程方案和课程标准为依据，以学校现有的和未来有可能获取的资源状况为条件，开发属于我们学校自己的课程体系。

在这个课程体系里，基本分为三类课程：分层课程、分类课程、综合课程。

分层课程主要是理科和科学课程，包括数学、物理、化学、生物等。这些学科有五个层次：Ⅰ到Ⅴ，学生根据自己的基础状况和未来发展的需要，选择不同的层次。

分类课程主要是人文学科课程，包括历史、地理、思想政治、语文、英语等。为什么我们的文科不是分层课程呢？是因为我们在实际教学中，感觉很难把有些学生分到某个不同的层次，在同一个文科学科里，他们有可能在这部分内容的学习特别优秀，但在有些领域里却非常弱；也可能在某些方面上表现特别强，但在另一些方面上表现很弱。

因此，我们希望文科的课程是分类课程，让学生根据自己的需求选择不同的课程。同时，我们把体育课、技术课，也放在分类课程里。现在，十一学校的体育课程已经有 30 多个，在中学三年的时间里，除了田径必须有一个学期必选之外，其他时间学生可以任意选择自己喜欢的体育课程。技术课，初中有劳动技术和信息技术，高中有信息技术和通用技术，在这三个“技术”中，让所有学生按照教材学一样的内容是没有道理的。所以，我们现在把技术课程中最重要的能力要素进行整合，把它们尽可能整合到每一个“技术”当中，于是就有了近20门技术课程。学生也是根据自己的需求选择，但必须选够8个学分。

综合课程比较典型地表现在我们的艺术课程上。我们开发了综合艺术课，有京剧、话剧、音乐剧，也有一些是学生在某个领域里需要深入研究的专业美术和专业音乐。但每位学生依然要根据自己的需要来选择。

这样的课程体系放到学生面前的时候，给他们带来了什么呢？当学生收到十一学校初中、高中入学通知书的时候，同时会收到一本《课程手册》，学生会在老师和家长的帮助下选课。在选课过程中，学生通常会感觉很痛苦，因为他以前从来没有经历过对他的未来负责任的重大选择。

我们一般要给学生一到两个星期的时间去选课。这样做的结果是什么呢？就是一人一张课程表。大家来到学校，你上数学Ⅲ、我上物理Ⅱ，你上汽车技术、我上音乐剧。这样的教学组织形式给老师们带来了巨大的挑战，老师们每一天面临的问题都是全新的。

所以，今天，我与大家分享的题目就是“学校转型期的挑战与挣扎——北京十一学校的2010−2012年”。这个转型期还会持续两年时间，应该要到2014年。现在（2012年）正处在转型的中期。只有我们自己才能体验到“挣扎”是什么意思。有朋友说：“你不要用‘挣扎’，大家不一定认同你这个说法。”但事实上，我们确实在“挣扎”，因为这个挑战太大，我们自己感到，我们的能力真是难以应对这样一场挑战。

一、当课程成为学校的产品时

我们认为，课程是学校最为重要的产品，也是学校的核心竞争力，必须着眼未来，立足实际，通过对国家课程的开发和学校课程的建设，系统设计满足学生需求、充分落实学校培养目标的学校课程体系。

教育成为服务业

“课程是学校的产品”，这句话给我们带来极大的改变。过去，我们不自觉地把学生当成我们的“产品”，这样一来，我们就可以按照成人的想法去塑造学生，因此，常常过分夸大了教育的力量，常常忽视了学生作为一个独立的人的人性一面，更忽视了学生的需求。但有一天，当我们申请加入世界贸易组织的时候，我们才知道“教育是服务业”。这时，我们内心非常纠结：“这么崇高、这么光辉的职业怎么突然变成跟端盘子的职业是一样的了呢？我们感到有点儿接受不了。”事实上，服务于人的成长、服务于学生的发展是一个了不起的职业。于是，当我们把课程当成产品进行开发的时候，就希望这样的产品能够满足学生的需求，那么就要研究学生的需求是什么——这是冲击最大的一件事。

“开发”成为流行语，校长、教师成为产品设计师和工程师

当课程成为学校产品的时候，“开发”自然就成了主题词，教师和校长都要成为产品的设计师，既要研究学生的需求，也要研究怎么满足这些需求，用什么样的产品去满足这些需求。在十一学校里，我们天天

研究的就是怎么系统设计、如何系统思考、怎样找到课程定位、明确什么样的课程目标、每一个活动的标准如何设定、怎么获取课程资源、怎么实施教学、怎么进行课程评价……老师们非常辛苦，他们没有寒暑假、没有周末，为什么？为了“开发”，要在国家课程标准的基础上开发出适合十一学生需要的课程。

适需课程的背后是学校管理结构的重组。在一般组织的管理结构里，是没有“技术结构”和“支持人员”的。实际上，一所学校仅仅靠管理是远远不够的，今天的学校大多存在着“管理”过度而“领导”不足的问题。如果把眼光聚焦于“领导”时，“技术结构”与“支持人员”的作用就凸现出来了。

在调整组织结构的时候，我们增加了“技术结构”，就是研发部门，也可以称为组织的大脑，在十一学校里，我们把它取名为课程研究院。课程研究院专门进行学校产品的设计、研发。如图 1-1 所示。

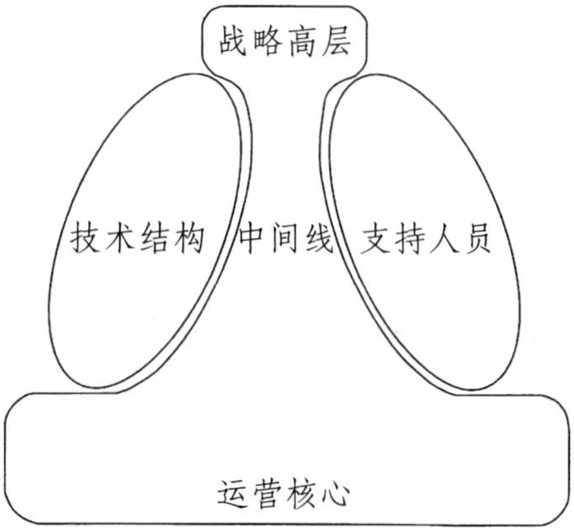

图 1-1: 组织的 5 个组成部分

图的右边是“支持人员”，一般称为“管理部门”。我们现在已经把它改造为职能部门，主要是为运营核心提供服务，没有指挥权。中间这一块，高层是决策，底座是运营，但中间线很短，没有层次，所有副校级干部都兼任年级主任，都在运营核心，同时他们也是学校决策机构（校务委员会）的成员。这样，决策机构和运营核心之间就没有过大的距离，一线老师和学生的需求就能够快速反应到达决策机构。

随着组织机构的调整，“管理者”自然被重新定义。这是美国一个管理学家说的一句话：“管理者就是专门会见来访者，方便其他人完成工作的人。”所以，在走向转型的十一学校里，管理者基本上在做服务于老师、服务于学生的事，而我作为校长，就是首席服务官，“就是来提供服务的”。

当然，这些被重新定义的管理者还承担着防火墙的任务。来自社会各个方面的对学校的干预很多，这些职能部门就有责任去应对，对外界的声音进行筛选，承担着防火墙的任务，不至于将这些声音直接推到一线老师的办公桌上。

这样一来，你就不难发现，整个组织不再是一个金字塔结构，而是出现了矩阵，为什么呢？就是既有高层的战略决策，又有中间线的管理机构，还有研发和职能部门，以及运营核心，每一位员工、每一位老师在这样的结构中都要接受并回应来自不同方面的需求，这就出现了矩阵。事实上，传统的管理学家对这个是持反对态度的，但是美国管理学家加尔布雷思说了这么一句话，他说：“每个人都可以在矩阵结构里很好地生活，几乎我们所有的人都是在双重权力的家庭中长大的，我们事实上已经学会了在这个矩阵当中生活。”由此，还产生了怎样的管理跨度和年级规模最合适的问题。有很多教育行政部门或者校长经常跟我探讨这个问题。我说：“这个规模应该先从学生开始算起，还是应先从老师开始设计？”为什么？我们先思考一下：在一个组织里最小的基本单位多大合适？管理学家们在若干问题上，他们持有不同的看法，但唯独在这个问题上,90%以上的管理学家形成了共同认识,他们认为,一个小组织,5–7人最佳,超过10人就会分出不同的派系,就会形成小团体,所以,5–7人是最容易形成团队的结构。既然这样的话,我们想一想,如果一个年级的老师是5–7位的话,一个人教两个班,一个年级10个班到14个班,这样的结构可能是最有效的。所以,小组织的要素就决定了年级的规模,年级的规模就会决定学校的规模。这也是为什么有些学校一个年级一旦太大,学校就会把这个年级划分成两个区或者三个单元的原因。

应对学生需求的多样化

十一学校的高一物理学科分为三个层次,当学生自主选择了层次后,老师们发现,以物理Ⅱ为例,虽然有些学生考试时的学习成绩看上去是一样的,都考了80分,但有的是靠勤奋,有的是靠天分,各不相同,而且这两种学生在学物理Ⅱ的时候,采取的学习方式也完全不同。所以,一旦当物理老师们把课程视为满足不同类型学生特点与需求的产品时,他们就自然提出了在物理Ⅱ里再分类的想法,设立了物理Ⅱ A、物理Ⅱ B。

2004年,我到英国最好的一所学校——伊顿公学访问,我发现它每个年级只收250位学生,但是却有14种不同的数学课。当时我有点儿理解不了,现在我明白了,因为当你把课程视作产品,从满足不同学生需求的角度去设计开发的时候,你就没有办法不去进一步细分,只要你有这个能力。

再如,十一学校的作息时间,也要满足学生的选择需要。一次,我与学生共进午餐,其中一个男孩提出就寝时间能否晚一点儿,希望学校能够改变一下作息时间。他话音刚落,一个女孩就反对,她认为应该再早一点儿。这种现象在学生当中太多了。于是,我就鼓励他们成立一个项目组，进行问卷调查、访谈同伴。最后，他们用 4 个月形成了一个可以选择的作息时间方案：把就寝时间变为三个时间。学生可以根据自己的习惯自由选择，选择同一时间的安排在同一间寝室，而且还规定，每个星期可以有一次申请晚睡的权利，最晚的可以申请延时两个小时。我们从产品的角度来考虑，就必须这样做。

教育更多地成为唤醒、发现与帮助，全面而有个性的学生就有了成长的土壤

当课程成为学校产品的时候，教育就会更多地成为唤醒、发现和帮助。有人曾说："没有教不好的孩子。"对这句话，许多领导听了可能会感到特别开心，但老师对这句话并不认可，因为它不符合实际。大量的研究发现，教育没有那么大的力量，教育在一个人的成长里面的贡献率不超过 15%。但是教育确有更重要的作用，当我们把课程当作产品的时候，教育就能够有一双发现的眼睛，可以发现学生的潜能、特长，发现学生未来发展的方向；不断去唤醒他、帮助他，就有可能培养出更加杰出的学生，让每一位学生都能够成为他自己。

在传统的教育和我国的社会里，一个与众不同的孩子是很难生存的。为什么？因为他太不一样了！但教育不就是要让孩子变得越来越像他自己吗？过去，我们把孩子送到学校，通过我们三年、六年的时间慢慢地把他变得和别人一样。走向社会的他很痛苦，因为他发现社会需要的是不一样的人才，所以还需要重新打磨自己。

今天，我们通过每位学生选择不一样的课程，让每个看上去一样的孩子，最后变得越来越像他自己，这就是教育的追求。今年（2012 年）10 月 1 日，是十一学校 60 周年校庆，从 1 日至 6 日，我们把校庆设计成了一个校友课程。我们希望由学生来承办 6 天的活动，其中有一个活

动叫“行业聚会课程”。每天都有来自几个不同行业的新老校友在一起共同切磋，互相分享——老校友们找到了同行业的资源，在校生则从中受到启发。

学校办了这么多行业聚会，开了这么多技术课程，究竟为什么？有一位职业学校的校长问我：“你们开设这么多技术课，不是抢我们的饭碗吗？”我说：“你们是培养技能，学生凭这个技能到社会上就业。我们的目标是让学生发现自己。通过接触这些技术课发现自己适合这个，或者开始时认为适合后来又发现并不适合，这个过程就让他进一步认识了自己。所以，我们是帮助学生发现自己、帮助学生唤醒自己。”行业聚会也是这样，每个年度校庆这一天，我们都会安排一批行业性的聚会。如果每个行业来 10 个校友，我们就成功了，来 200 个更好。当有了这种常态性交流的时候，学校的教育就有了很好的基础。

“处处是课程”的意识成为学校文化

当课程成为学校的产品时，“处处是课程的意识”就会成为学校的文化。在十一学校里，为什么会把校庆作为课程，而且师生们会很快统一目标，每个年级承办一天的校庆活动？因为我们认为课程是产品，所以我们不会放过任何一个机会。当校庆来的时候，它自然就会成为学校开发的产品之一。在这 6 天里有很多活动，尽管每一场活动的规模都不是特别大，但每位学生都能学到很多。每个校友都会收到 6 天校庆活动课程的提示，每一天都会有一个仪式。这个仪式规定不超过 20 分钟。每一天都有一个跨度为十年的校友聚会，比如，1 号是 1952 年到 1961 年的校友，2 号是 1962 年到 1971 年的校友，依此类推。当然了，其他校友愿意来参加，我们也欢迎，但主要对象是对应的十年的校友。所以，从 1 号到 6 号，我们的校友变得越来越年轻。他们有共同的老师、共同的话题、共同的故事，交流起来就会比较充分。每天下午有3到4个行业的校友聚会。当然，我们也会特别邀请一些成功人士到场。

这样一来，校庆课程就变得非常丰富。

10月1日的活动是升国旗仪式。我们会特别邀请每个年度的校友代表来参加。

10月2日的活动是学校博物馆的开馆仪式。我们希望把学校博物馆变成一个传承学校文化、激励师生成长的场所。你会看到60年有60个故事。现在五十多岁的校友回来，他们一提起当年的往事都激动得不得了，他们想起了读书时候的老师，也想起了同学们一起演话剧的成长经历。所以，在这个博物馆里，每个年度我们都挑了一个故事。这些故事凝聚着十一学校一代又一代老师的汗水和智慧。今天，你可以看到十一学校博物馆里的每一件东西都是有来头的，是有源泉的。

10月3日的活动是“卓越教师研究室”的授牌仪式。这其实与学校的课程开发是有关系的。当十一学校把三级课程融为一体，开发学校课程体系的时候，难度是可想而知的，比如说，像数学Ⅳ、数学Ⅴ，开发并非轻而易举的事。那么这些课程由谁来开发呢？我们就需要找到一些卓越的老师，给他们加担子。这些老师组建了卓越教师研究室。我们请已经退休的杰出老师给他们授牌。研究室形成了老师之间互相呵护、互相传承的机制。

10月4日的活动是“大礼堂地标”的揭幕仪式。现在，建校初期的房子、教室都没有了，我们按照老校友的建议，把过去一些老房子的位置标出来，在标志位置刻上这些老房子的建筑风格。其中最有代表性的就是学校原来的大礼堂，因为好多活动都是在这里开展的，包括20世纪50年代中央军委的授衔仪式。老校友对这个礼堂特别有感情。我们举行了一个揭幕仪式，请校友们参与，学校的合唱团、交响乐团也参与了这个活动。学校的交响乐团在一片树荫下演奏，仪式结束后他们还觉得不过瘾，一直演奏了一个上午。

10 月 5 日的活动是林月琴图书馆揭幕仪式。林月琴是我们学校的第一任校长，为十一学校的发展立下了汗马功劳。

10 月 6 日的活动是“学校 20 年业绩展”的开展仪式。在学校博物馆的二层，我们推出了学校20年业绩展。这是十一学校迅猛发展的20年，也是我的前任校长李金初担任十一学校校长的 20 年。在这 20 年的时间里，他和全校老师做了大量创新型的贡献。在这个开展仪式上，两位学生、一位老师与李金初校长一起为“舞龙”点睛。

在 6 天的校庆课程中，要让每一位校友都能在学校博物馆里找到自己的痕迹。为此，在筹备校庆的过程中，我们努力把每位学生的照片找到，把它们放在博物馆里，放在学校的历史墙上，让校友们寻找自己的足迹，因为每一位校友最希望在这个空间里看到的就是自己的照片。的确，在那 6 天时间里，最拥挤的地方就是学校博物馆，校友都去那里找自己的照片。

我们还专门制作了一本指南，对每一天的活动都有说明。来的都是校友，不分职务高低、贡献大小。在这 6 天的校庆课程中，最忙碌的就是在校学生，因为他们都有各自明确的任务，几乎所有师生都有至少一项，只有我没有任务，我负责到处走一走、看一看。我发现，有很多学生想出了很多办法，比如，开咖啡厅的学生，他们很希望借这个机会向老校友推销自己的咖啡，可是他们发现预定的室内摊位虽然位置不错，但第一天基本无人光顾。于是，他们及时调整了战略，第三天搬到了室外，后来又搬到了老校友的必经之地。他们不断研究、不断调整，我想这本身就是课程价值的体现。

还有，校园小木屋是学生开的一家商店，负责经营的学生抓住机遇，开发了一个他们自己很喜欢的校服熊，结果前两天一个都没有有卖出去。为什么？因为按照对应年份，先来的老校友并不喜欢这种布娃娃玩具。

一直到最后两天，相对年轻的校友来了，结果“校服熊”一下子卖到脱销。这样的经历让学生们有了很多反思。

二、当我们寻找不同的课程价值时

我们追求的到底是什么？

不要把学生都培养成和我们一样的人

首先，我想说，我们不应该把学生都培养成和我们一样的人。过去，一说学校，我们就不自觉地希望把学校的特色彰显出来，于是，学生就成了彰显学校特色的工具。为了办一所艺术特色学校，1000 位学生买了 1000 个葫芦丝，于是学校就成了艺术特色学校；为了办一所体育特色学校，以轮滑为切入点，要求全校学生人人学轮滑，于是学校又成了体育特色学校。如果学校总是这样想这样做的话，就会伤害一些孩子。对老师也同样如此，如果老师们都把自己的学科看得特别重的话，我们就会特别希望把孩子培养成和我们一样的人。

我过去曾经工作的学校有一位非常卓越的化学老师，我非常敬重她，她当班主任的那个班年年都是先进班集体，高考成绩也名列前茅。所以，学生们都把她当成妈妈，十分爱戴她。也因为这个原因，每年到高考报志愿的时候，她这个班有 70% 的学生报的志愿是与老师任教的化学学科有关系的。那时候，我们感到非常高兴，这说明老师对学生的影响实在是很大的。然而，今天看起来，我又特别担心，难道一个班真的有 70% 以上的学生都适合学习老师教的这个学科吗？如果我们老师都想把孩子培养得和我们一样，孩子就会出问题，他们就会变得要么太像老师，要么就会出现人格分裂。十一学校现在有一门课程叫“鲁迅专题研究”，是学生选修的课程。但“鲁迅专题研究”肯定不是把学生朝着鲁迅研究者的方向去培养，而是以鲁迅研究为载体提升学生的语文素养。所以，在这一点上，每个学科都应该围绕着学生人格健全的目标培养，围绕着把学生唤醒，围绕着把学生培养得更像他自己来研究我们每一个学科的课程价值。

资源的多样性成为实现不同课程目标的必需

当我们追求不同的课程价值的时候，资源的多样性就成为实现不同课程目标的必需。过去，在同一间教室里上着完全不一样的学科，上数学课来这间教室、上理化课也在这间教室。这是没有道理的，为什么？因为只要你一旦踏上社会，就会发现，不同的学科之间的差别大得让你惊讶。可是，学生在学习不同学科的时候，却在同一间只有四面围墙的教室里。这肯定是违背教学规律的。

当我们希望每一门学科都能发挥其价值，每一门学科都能按照其内在规律来影响学生的时候，我们肯定就得选择不同的资源。这时候，学科教室的教育功能就变得非常不一样。在十一学校最先开启的学科教室建设工程中，数学老师是最吃亏的，因为他们似乎只需要添加两块黑板就够了，而语文学科需要大量图书和视频，理化生学科需要大量仪器和设备。与此同时，一门学科在不同的学段，都需要不同的资源配置。比如说，学生在高一上学期，语文教室需要36本《古文观止》，因为上课时需要人手一本，但到了高二下学期的时候，上“时事深度评论”课就需要多订一批报刊。这样就使得学科教室资源的标准化问题被提到了日程上。

追寻失落的教育目标

当我们寻找不同课程价值的时候，就会发现过去长期以来失落的课程目标又回来了。坦率地说，它并不是我们找回来的，而是一旦发现了不同的课程价值，它就会忽然间自己冒了出来，让我们重新审视它的意义。比如，如何从学科教学走向学科教育，解决教学和教育两张皮的问题。过去，在教学中，更多的是通过抓学科教学、抓成绩，然后才慢慢地关注学生的勤奋、刻苦，但是今天，我们完全可以换一种思路了。我们需要去关注学生的人生目标、职业规划，关心学生的情绪和心理状态，从人格成长的角度入手，带动学业成就的提升。我们还发现，当没有了行政班和班主任的时候，我们的教育就没有固定的边界了。过去，不是班主任的老师一身轻松，因为“教育”由班主任承担，“我不能越界”。今天这些边界都没有了，教师可以根据自己喜欢的方式，在课堂里把诸多元素都融入对教育的追求之中。

我在很多场合都介绍过十一学校的戏剧课。我感觉到，在这场改革中，对学生震撼最大、影响最大，对我们影响最大的，可能就是戏剧课。过去，音乐老师不断地在课堂里强化“你应该怎么唱”的技巧；在美术课上，美术老师一直强调“你应该怎么画”的手法，根据学生的技能水平来评价他，那样的课程设置使老师们不由自主地更加看重技术含量。其实，我国中小学的艺术教育不是为了培养多少艺术家，而是希望通过这样的课程来塑造学生的人格，提升学生的艺术修养。

戏剧课就担当了这样的重任。我现在才理解为什么世界上教育比较发达的国家都那么重视戏剧课，而且每一所好学校都以此为傲，就是因为它拥有别的课程没法替代的价值。前两天，我到学校艺术楼一层去，正赶上学生在排演音乐剧。这个剧组有 20 多位学生，既有初中学生，也有高中学生，他们每人要扮演一个角色，在排演过程中体现了一个重要的课程目标就是要关注别人的感受，也就是换位思考。我们都知道，“换位思考”靠说教是很难真正去理解的，而在那一刻，我突然发现，正是在扮演角色的时候，学生学会了关注他人、关注不同角色的感受，学会了换位思考。好多学生在扮演多种不同的角色的过程中突然长大了，家长和老师都发现了他们这些成长中的变化。另外，每位学生在这个音乐剧中还要负责一项剧务——你负责灯光，他负责音响；你负责服装，他负责道具。如果是开学第一个月，刚刚组建起剧组时你去听课，就会发现整个排练一团糟：每位学生都认为自己扮演的角色最重要，他们互相指责，不断发生冲突。但一个学期后，在戏剧节上他们就都像模像样地配合默契地上演一台剧，而且你会发现每位学生都在充满诚意地为别人服务。

这就是变化，这就是成长。我感到特别高兴的还有，戏剧课让我们终于找到了一个给予青春花季的男女生正常交往的平台，一个学校允许的、男女生可以正常交谈、跳舞、拉手、增进情感的平台。

事实上，在这个年龄段，必须要有这样一种男女生交往的平台。在座的各位如果你到欧洲、到美国去就会发现，如果这座城市里有一所著名的女校，附近肯定就会有一所著名的男校，不然的话学校就办不下去，因为有大量活动需要两所学校合作。为什么？就是因为人格的、情感的成长需要异性之间的交流。如果失去了这样正常交往的机会，将来孩子就会出问题。

记得我读中学时，有一个同学长得很帅、性格非常外向，但那个年代正赶上“文化大革命”，学校里根本不允许有男女生交往，连说话都会被认为有问题。但处于青春花季孩子的心理渴求绝对不会因为政治原因而变化。所以，我的这位同学就希望自己开发一个跟女生交往的“课程”。他发现自己喜欢的那个女孩家里的院子里有一棵杏树，他就想以这棵杏树为“课程资源”，通过“偷杏”开发一个跟这个漂亮女生交往的平台。但这太困难了，对一个十四五岁的孩子来说，首先要确保去“偷杏”的时候，不会被女孩的父母发现，但却要让这个女孩发现。于是，他在院子外溜达了十几天，终于找到了一个女孩独自在家的机会，他就决定“偷杏”。但这时又遇到了第二个问题，在他“偷”的时候必须要弄出动静来才有可能让女孩听到。而这个女孩压根儿就不关心这棵杏树的状况，以至于这个男孩弄出了很大的动静来，连邻居都听到了，这个女孩却没有听到。最后，他只能选择朝这个女孩的窗子上撒了一把沙子，这才引起了女孩的关注。被发现后，男孩就开始逃跑，希望女孩追上她，但由于逃跑的速度太快，女孩没追上，这样，“课程目标”也没能实现。你看，对一个孩子来说，这得费多大的功夫！我觉得他一个月没干别的，天天在想这个事。今天想来，学校有责任为他们开发这种课程。

最近，我写了一篇文章《重新定义早恋》，就是说，青春期的男女生相互有好感这是非常正常的，学校不要给学生扣上一顶早恋的帽子，更不必大惊小怪。只要让他们有所节制，言行控制在一定范围里就可以了，但戏剧课程的开发与实施就可以很好地搭建少年男女交往的正常平台。

实现平等，才有真实的教育

学校里还需要存在一件特别重要的东西，如果我们不找到它，教育就永远会面对假象。这个东西叫“平等”。在校园里，让我们的学生对老师、对校长很敬重，甚至感到很害怕，这很容易，校长和老师所处的地位就决定了，但要让孩子真心喜欢却不容易。为什么？因为喜欢必须建立在平等的基础上。这更难了，因为我们国家几千年的传统是“师道尊严”，即便如此，我们还是要做出改变的努力。如果不努力，我们的教育就永远是假的，因为你不曾面对真实的学生、没有遇到真实的问题。

去年，我到了法国，法国教育部官员带我去巴黎的市区考察。到了赛纳河流经市区最繁华的一段时，他们告诉我说，这个地方一到夏天有两个月的时间要封路，市政府会把这个地方铺上沙子，让市民都来晒太阳、游泳、乘凉。首相、部长、明星、平民，都会来这个地方休息。其实，游泳已经不重要，最重要的是通过这样一种形式向全社会宣示平等。在欧洲，几乎每一座城市都有各种类型的狂欢节，这也是为了在这样一个节日里通过看得见的形式来向社会宣示平等。

那么，在校园里，我们怎么让学生看见平等呢？前一段时间，有一所著名学校的校长来到十一学校，他夸了我们一番之后，同时也给我们提了一个建议："你们学校的礼貌教育还应该加强。"在他们的学校里，每位学生见到他都会鞠躬 90 度。我说："我做不到。学生向你鞠躬 90 度的时候，你向学生鞠了多少度？"如果是在日本，每个人都会鞠躬 90 度的时候，我会教育学生也这样做，而且我们当老师的也这样做。但是如果学生给你鞠躬了 90 度，你就是看了一眼，甚至看都没有看，这样的校园里就没有真正的教育。

十一学校开展"泼水节"的重要目的就是推动平等的师生关系，让师生在互相泼水中得到感悟和体验。但开始的时候办得并不顺利，许多老师不参与，或者刚一开泼就溜了，他们很不习惯和学生玩在一起，感觉没有尊严。后来，学生们想了一个办法，就是在每一个年级开泼仪式上，把老师们请到主席台上，每位老师端着一盆水，称作"幸运之水"，由老师们先泼，泼到谁，谁就幸运。但当老师泼了学生之后，他们再往主席台下走的时候就对不起了，两边站满了端着水的学生，无论男女老少，教师都被拉下了水，被泼得浑身湿透。到这个时候，就有点儿平等的样子了。

崔永元老师给我们学校学生出的一本书写了一个序，他说："当我和校长李希贵一起参观学校的时候，他会和教室里读书的同学说'对不起，打扰你们了’。当我站在礼堂做完演讲的时候，同学会当面说‘讲得一般’。当我随手掏出烟来抽的时候，学生会说‘这是无烟校园，请不要吸烟’。学生们用自己的举动告诉我，学校是他们的，他们说了算。这些学生长大后不会那么顺从，因为他们在校内模拟联合国会场就会代表‘自己的国家’—— 法国或是几内亚，投出庄重的一票。这一票经过大脑的洗礼和理性的判断，有权利、有责任。在这里，校长、老师和同学促成了一定意义上的平等。见到李希贵，你可以叫他‘校长’，也可以叫他‘李希贵’。”所以，我们希望让学生慢慢看得见平等、慢慢摸得着民主。

三、当行政班消失时

从班主任到导师

取消行政班，这是一次“地震”！学校里一旦没有了行政班，老师们一下子就慌了，感觉工作没有了抓手。班主任心乱如麻、心惊肉跳，其实校长、年级主任更是如此。为什么？因为过去我们一直以行政班为抓手作为管理的基本单位。现在抓手没有了，那怎么办？在一段时间里，我们没敢说“取消行政班、取消班主任”。为什么？我们怕引起学校“地震”，我们特别怕家长担心。所以，尽管走班上课之后行政班消失了，但班主任这个岗位仍然保留了一段时间，但这种保留并不长久，因为班主任没法履行责任，他管不了过去的那些事。我们为每位学生都安排了导师，导师负责三项工作，就是人生导航、心理辅导和学业指导。导师不管学生纪律、不管班级卫生，他从传统管控层面跳了出来，更多拥有了教育的专业视角。

既然导师扮演的角色中教育含金量越来越高，那么那些行政的、管理的事情放到哪里呢？这是一个重要课题。到高二，学校连导师都不再固定，因为我们发现，如果长期让一位学生选一位导师，也有很多局限。第一，这位学生如果希望找一个在某个领域里非常有思考的导师，有时候会碍于现有导师的面子而不去找。第二，有些导师发现了某个学生的问题，但不是他的学生，如果由这位导师出手解决，有时候也会感觉不自在。所以，当高一基本上走向正轨以后，高二就不再设固定导师。

今年暑假 8 月 11 日，有 6 位学生邀请我与他们同去天津一趟，于是我就听从了学生的安排。在去的路上，一位马上要进入高二的学生问我："老师，你们这次外出开会研究了什么？"我说："研究了很多，其中有一项就是要不要再给你们配备固定导师，可不可以取消固定导师。"这位学生马上说了一句话："哦，明白了，那就是说全年级 40 多位老师都可以是我导师了。"他这样认识问题让我很高兴，但老师们自己却非常担心。

学校里有一位非常优秀的老师，自从担任了导师后，她一天到晚都在为找不到她的学生而犯愁，她做了很多努力效果都不理想。有一天，她越想越着急，越想越担心，就哭着回家了。回家后越想越伤心，越想越有压力。这时候，她先生回来了，问她怎么回事。她先生在教育领域外工作，但特别敏锐，他说了一句话："取消行政班、不设班主任，不就是让学生自主吗？现在学生自由了，你们却又害怕了。"学生自由了，我们真是有点害怕了。所以，我们给自己提出了严峻的挑战，教育一个自由的学生，远比管理一个被束缚的学生难得多。

到高二时，老师们发现了一个现象，这些学生无论是上课还是自修，或是搞什么活动，他们都不再看老师的脸色。他们不会因为你来到这个教室了就变得认真，他们也不会因为你不在身边就敷衍，因为他们自律的意识在自主的空间里慢慢增长了。所以，一个健康的、公民的社会，肯定是每一个公民有独立的人格、有独立的思考。只有在那时，我们的社会才会变得特别有秩序，也特别有力量。

年级管理变得手足无措，部门管理没了抓手

在这场变革中，年级管理和部门管理都遇到了很大挑战。过去，年级只抓 10 多个班主任，特别明晰。可是今天没有班主任了，也没有行政班了，那你抓谁呢？所以，我们就必须研究构建一个机制来解决年级新的管理问题。我们逐步探索出了一个叫“分布式领导”的管理模式——年级里每一位老师，甚至学生，他们都来承担这个年级的一项任务，甚至一个领导角色，谁适合承担哪一项，谁就是这一项的负责人。随着时间的推移，如果某个任务不重要了，就可以取消，这是动态变化的。下面图 1–2 是去年我们学校高一年级分布式领导结构图。

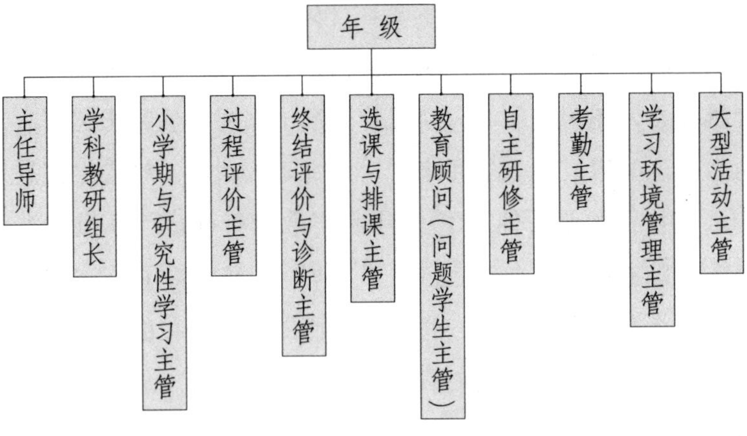

图 1–2：高一年级分布式领导结构图

11 个项目组来承担教育、管理的任务。

这样，运动会也没法开了。前两年，我们下很大功夫开发出的“奥林匹克运动会”“世界民族运动会”和“五洲城市运动会”，到今年都没法开了。为什么？没有行政班了。怎么办？我们现在推出了“年度体育季”，就是在一个月、两个月的时间里搞体育盛会。在这个体育盛会上，除了田径项目集中安排在一天之外，其他项目都安排在这一两个月的时间里竞赛。我们想拉动学校体育教学班的建设，什么意思？像现在篮球课有 16 个教学班，这 16 个班之间就可以组织一个循环赛，循环赛就可以带动每一个篮球班集体的建设。我们通过这样的改变，把体育放在更长的时间里、在更多的学生中实施。

让学生在更多的集体中找到自己的位置

行政班消失后，学生一开始也是很失落的。有些领导说，没看出你们学校出什么事，网上也没有人骂你们。我说：“这就是我们学生的可爱之处，他们虽然内心很纠结、很痛苦，但他们在校园里找校长、找老师来解决问题。”我们的家长也很可爱，他们同样很纠结、很痛苦，但也尽量找学校来解决。所以，这使得我们这场改革没怎么看见硝烟，但我们内心的硝烟很大。一个非常突出的问题，就是学生来到十一学校没有班集体了。过去，班集体是他心灵的港湾，是他什么事都想放在这个地方的、安全的港湾，可今天没有了，这使他们感觉很痛苦、非常失落。

但我们还是要改变。为什么？因为我们需要从长远发展趋势来看待、去尝试解开我们这个民族的一些“扣”。我们一直下功夫要培养出“集体主义”，这其实是有缺陷的。大家想想，要培养出一个班集体，没有一年时间不见效，好不容易培养起来了，你若要再拆开那就费劲了，拆开之后再要他们融入另一个新集体，那又是难上加难。我们这不是在自找麻烦吗？集体主义非常好，热爱集体很重要，但我们不能形成狭隘的意识。

在世界普遍认可的文明里面，人们更加注重团队精神。我在一个团队里面找到了一个新的角色，并很快找到自己的位置，然后去尽我的责任。一旦到另外一个团队，我也马上就可以融入，找到自己新的位置，尽我应尽的责任，这叫团队意识、团队精神。我们这个民族太需要团队精神了。团队精神不是靠说教就能建立起来的，需要有一个教学组织形式帮助实现，就是要让每位学生能在每个学期里参与到十几个班集体以及不同的社团里。现在，某位学生在某一个学期的数学班里可能是“学霸”，但在机械技术课堂上可能就是学徒工，在戏剧课上可能就承担着管道具的职责。当我们的学生在这样十几个班集体里、在不同社团活动中都扮演着不同角色时，他的角色转换就变得容易了。

我在山东省高密市担任教委主任期间，曾经在一所初中兼一个班的助理班主任。学校鼓励通过民主的方式选班长，这个班的班主任非常自信地组织了一次选举。在他看来，无论怎么选举，谁都无法替代原来的班长，因为这个班长能力非常强。后来我才知道，这名学生从幼儿园到初二一直当了 11 年班长，他和老师相处得很好。可是一投票，他却只有 23 票，得票最高的另一个同学有 42 票。老师一看傻了，没有办法，只能按规则办，于是原来的班长就卸任了。这个班长无法接受这个结果，竟离家出走了。整整半年时间里，这个孩子都没有走出来。他不会当群众，只会当班长，这太可怕了。

在这场改革里面，我们要把过去丧失的一些课程目标找回来，培养一些既能够工作也能够生活，既能够当领导也可以当群众的未来公民，这是我们的责任。

十一学校一位高一学生写了一篇文章，叫《对“朋友”的新理解》，我觉得与我的期待比较接近，她说：“走班制带给我最大的转变就是我的人际关系。原先，在固定的班级中，朋友十分有限，只是三三两两的朋友在一起，我们总是挖空心思地讨好对方，小心翼翼地维系着友谊，可是却不一定被理解。久而久之，用心去培植的友谊竟让自己觉得好累，友谊渐渐地有了裂缝，而且和其他同学也疏远了。现在，高一的我，每天穿梭于不同的教学班，在不同的团体中扮演着不同的角色。我不再强求同谁在一起，不再纠结于一个小圈子。在短短一个月的时间里，我好像跟整个年级的人都熟了起来，见谁都会微笑地问好，在每个团队中都能找到自己的朋友，发挥自己的能量，捕捉到自己的优势。心态的转变使我豁然开朗起来，我对问题的理解也似乎宽阔了许多。这让我觉得很温馨、很快乐，因为在每一个团体中我都能找到志同道合的朋友。”我特别看重这种感受。

构建每一位学生为自己负责的教育机制

行政班消失后，构建每一位学生为自己负责的教育机制成为必需，公民教育就摆在眼前。这意味着，现在，学生个人不再归属某个班，他和某个固定集体的关系不再紧密，甚至没有高利害性。过去，学生违纪了，就扣这个班的分数，他们活在集体里。但今天没有行政班了，你也要活着，而且还要活得更好。这样你为自己负责的责任感就必须慢慢长起来。如果人生是一枚硬币，它的正面是选择的话，那它的背面肯定是责任。

当学生选择了一门课程和一种学习方式的时候，他就慢慢地有了责任；当别人不再管控他的时候，他的责任心就长出来了。现在，我们已经给每位学生建立了个人成长的信息平台。他可以在平台上看到自己的学业成绩、过程性评价、每一天提问的情况、作业上交的质量。这样，每位学生就要对自己负责任了，而不是为了表现给别人看。我们过去常常是把马牵到河边让它喝水，但仅仅这样做是不够的。

我还想讲一个学生的体会，这位学生对我说："今天我已经没有办法不努力了。"为什么？他说，在学校自主研修时间这么充分的环境里，那些"学霸"们就有了更多的、可以自己掌控学习进程的可能，他们变得越来越牛了。所以，在这些"学霸"身边，他只能学得更勤奋。他说，和"学霸"做同桌就会让自己进步。我觉得，学生之间的这种影响不可小看。过去，我们更多地看重教师的影响力，但今天看来，一定要发挥同伴的影响力。

新进学校的高一学生在开学后需要收一次保险费，这是由一个学生项目组来收取的。项目组写出通知后，结果有 100 多位同学没看到。为什么？过去他们都习惯了坐在教室里一遍一遍地听老师"关照"，学生获取信息后，回家把钱带回来，这是一个被动把信息"灌"进耳朵的过程。虽然获取了信息，完成了收费任务，但并没有养成主动获取信息的习惯。取消行政班后的今天，我们必须研究让学生自己主动去获取自己需要的信息。

培养自主意识需要校园公共生活

当行政班消失后，学生对校园公共生活的渴求提到了议程上。我们说一座城市如果成熟的话，要有剧院、公园、咖啡厅、茶馆、饭店等公众聚会的地方。学校也是这样。我们必须给学生建设大量的公共空间。这些公共空间决定了学生会有怎样的公共生活，在公共生活里面学生才会学到在教室里学不到的东西。在老师身上学不到的东西，他可以从同伴身上学到。所以，我们现在克服很多困难努力建设学校的公共空间。最近，学校刚刚把图书馆整整一层的房子变成了上百个学生社团活动的地方。

四、当每位学生都需要规划与选择课程时

不知所措

当每一位学生都需要规划和选择课程的时候，我们很清楚地知道学生会不知所措。过去，这种不知所措通常在高考报志愿时才显现，现在提前了，我们愿意把学生这种从不成熟到成熟的过程提前，不然的话，他的不知所措会变成无所适从，从而阻碍他更好地发展。事实上，学校一发给学生入学通知书，他们的不知所措就来了。

我在不少场合讲过路标。校园里通常都会设有路标，一看到路标就知道应该怎么走，几乎不用思考，按照路标所指的方向走就可以了。但是，十一校园里换的是这样的一种路标：在每个路口都设有一幅校园平面规划图，它会显示出你目前所处的位置，然后你要去哪里，具体走哪条路线就需要自己设计了。于是，看到这个校园平面图，你会站下来认真研究一番，然后才选择自己的行走路线。这个过程最重要的就是你要明确自己的方向，当然方向是可以错的，经过体验后可以改过来，但你不能始终没有方向。

好高骛远

当需要规划课程的时候，有些学生往往是好高骛远的，有数学Ⅴ就不选数学Ⅳ，这种好高骛远是很多学生的一个通病。怎么解决这个问题？我们只有耐心地等待，很多时候是需要学生自主体验，甚至去试错的。如果有的学生就是坚持选择明显高于自己水平的课程，我们也会让他去尝试。等他慢慢有了体验后，再转到适切的课程上。这个过程看上去是

在走弯路，但对学生一生来说，却是帮助他以后少走弯路。

旱涝不均

还有一个问题就是“旱涝不均”。有些学生希望在高一学很多课，但我们觉得没有必要；有些学生要在各个学科都学难度很高的，我们也认为这是不可能的。但是，他要在自己的尝试和体验中不断学会平衡，学会自己调节。

五、当学生的成长加速时

面对有想法的学生，教师面临重大挑战

过去，从高一到高三，我们没有发现学生变化会那么大。但是今天，我们发现用高一的办法去解决高二的问题就不灵了，用高二的想法来应对高三的学生也不合适了。为什么？每一个年级的学生都变得不一样了，他们在校园里成长得很快。面对那么多有想法的学生，我们怎么去应对？

面对在各种教学资源里畅游的学生，教师终身学习成为必然

当我们面对在各种教学资源里畅游的学生时，教师的终身学习成为必然。我们学校一位非常优秀的政治老师，把大量的政治学、哲学、社

会学等各种书放在教室里的时候，她发现学生在看她过去经常看的一些书，她害怕了，为什么？因为过去是教师看了这些书讲给学生听，学生不知道，可今天学生看的书比我们看的还要多。我们该怎么办？我们该用什么样的方式来指导学生学习？

对教师素质的要求发生根本变化

对教师素质的要求也发生了根本变化，不仅仅在教学方面，还有教育方面；既要懂职业规划，还要知道哪些大学的哪些专业适合哪些学生。只有这样才能与学生对话。这样的对话成为教育的前提。

六、当出现改革焦虑症时

美国有一位学者说过这样的话，大多数老师都曾经历过一两次对过去学校改革浪潮的失望，迅速拥护一种新的改革，这种想法在一些人看起来很傻。无论过去经历了什么，我们都不难理解许多老师都不愿意再次将双脚踏入改革的一趟浑水中。

我们怎么样让老师知道这场改革是可以实现的，是没有风险的，或者说风险是可以管理的，这是一件很难的事。推进组织变革确实需要策略，我们一定要描绘愿景。就是说，我们为什么要改革，必须把它想清楚。我们用了三年的时间把问题想清楚了。在实际操作这场改革的时候，大家基本上都不会在目标和价值观上争论。大家内心在价值观上做好了准备。如果在这个问题上左右摇摆的话，那风险就太大了。所以，我们必须描绘愿景，就像一家花店说的：“我们卖的不是花，而是美丽。”

一定要掌握好变革的节奏，知道什么时候要快、什么时候要慢。说实话，我们推进走班选课、实施导师制的时候，开始时仍然保留了班主任和行政班，我们采取的是先立后破的方式。如果先破后立，那家长的焦虑，甚至学生的焦虑，都会迫使我们拿出大量精力来解决。先立后破的办法可以省去我们大量的思想工作。但是，当我们发现班主任继续存在，而导师的工作无法推进时，就不能犹豫，要立刻在大家不再担忧的时候尽快取消行政班、取消班主任。这个时候的果敢是非常重要的。

一定要管理风险。第一个实施走班选课的年级，改革开始前排查出 160 多个风险。我们一一研究消除风险的措施，以至于到最后 90% 的风险都没有发生。有些风险发生了，但在预料之中，因为我们做好了准备，所以没有带来负面影响。我们希望任何一项改革要像制药厂一样，把每一种药品的禁忌、注意事项说清楚，我们一定要学一学药品说明书的坦诚。

再一个，我们一定要承认变革不会解决所有问题。任何改革只能解决部分问题，千万不要把任何一次改革描绘得完美无缺。世界上没有这样的改革，必须承认改革的功能有限。我们还要注意对学校问题的诊断，因此，十一学校也成立了学校诊断中心，在六个领域里开发了一批工具以便让学校发现自己的问题。

我们还有一个策略叫作“半步战略”，就是说，你步子迈得很大是有风险的，因为搞不好会掉到陷阱里。在平坦的大道上你可以一步一步地跨越，在操场上散步的时候，我们会感觉特别舒服，没有顾虑，因为我们可以大步向前走。但如果是在崎岖的山路上、在一条看不清命运的改革路上，那你就一定不要大步走、不要跨越式前进。所以，我们的战略是半步战略，永远也不要用双脚同时去测试水有多深，只有确认没有悬崖时才迈出另一只脚。实践证明，如果你要人们向着新的方向前进，打破旧思想，改变已有的行为模式，最有效的变革方法就是循序渐进，而不是迈出一大步。每向前迈出一步，都要能在人们心中产生一种“赢”的感觉，以激励人们继续前进。这种“赢”的感觉会产生激情与能量，让人们投身其中。所以，在管理上这也叫“速赢”项目，就是你办完一件事马上就见效。一开始的时候，一定不要抓一个挠头的事、抓一个复杂的事去显示你的能力，千万不要认为前任留下的问题你能解决。错了，我们没有那么大的能力，你一定要小心。即使那些表面看上去不复杂的问题，你一动，背后的问题就出来了，让你意想不到。如果你要把它彻底解决，你就陷进去了，使你没有时间和精力去解决更重要的事。所以，一个新的管理者一定要从“速赢”项目着手。

鼓励先进，允许落后，也是降低改革风险、消除改革焦虑症的策略。因为落后一定有落后的原因，而且这个落后绝对不会因为你的原因而马上被解决。所以，我们一定要等待。但是这并不意味着我们要消极，我们每一次活动都要从正面寻找先进的力量，让他们出来分享经验，让他们告诉同行的人有哪些办法可以解决遇到的新问题。

外包激励，增加激励的主体。我知道，老师们很看重校长的表扬，但校长去表扬风险很大。第一，你不可能了解全面的情况；第二，你也不知道做了同等事情的老师还有多少，有时候你表扬一位老师可能打击了许多位老师。但一所学校对老师的激励一刻都不能放松。我们可以把这种激励外包出去，可以让学生写一些爱戴老师的话，可以让来参观、考察的专家留下对某些课的积极评价，等等。我甚至还鼓励各个部门、各个年级的同事，他们互相邀请一些做出业绩的老师来介绍经验。这些都是外包激励。

应学会讲故事，要用故事把改革的成果固化下来。要把这种解决问题的思维方式传给其他老师、其他年级。比如，我们就不断地在学校里讲叶大家同学的故事。叶大家是王春易老师去年高三生物课上的一位学生，她在高三没有上过一节生物课，没有做过一次生物作业，这是老师允许的，但她的生物成绩却最好。她是用什么方式学习呢？她负责给这个班同学解答问题，所有问题一律不能问老师，必须先问她，由她来辅导这些学生。有一次，一位学生没问她，去问了老师，她就生气了，说“你还没找我就去找老师”。她就是靠这样的方式来学习生物。每个孩子都会用不同的方式来提高自己的学习效率。当然，这样的故事还有很多。

让变革发生在民间。任何一项重要改革，你可以呼吁，你可以鼓动，但一定不要使用行政命令，要让老师们自己愿意去改变。举一个例子，教育的现代化尽管提出很多年了，而且很多地区还制定了评估学校的指标体系，信息化投入的力度很大，教师的学历水平提高很多，但是教育现代化的指标再多，只要缺少一个东西，教育其实永远也无法实现现代化。这个东西是什么？就是教育的个别化。无论是在欧洲、美洲、澳洲，教育现代化一定是通过个别化来体现的，一定是通过满足不同学生的需求来体现的，而且在教学组织形式上肯定是小班化。

在美国、欧洲的私立学校里，每个教学班的人数常常标志着他们的办学水平，与学校排名紧密相关。这也说明教育的个别化是教育现代化不可或缺的指标。我特别希望十一学校也能通过个别化走向教育现代化，在两三个月前的一次会议上，我又描绘过十一学校的这种理想和愿景。

通过一个星期的讨论，最后一天有很多老师找到我，说那我们就开始尝试小班化吧。但是这给老师们带来很大压力，为什么？过去一位老师一个星期上八节课、十节课，现在要增加50%，而且不增加任何待遇。过去教两个班，现在变成教三个班、四个班，所以老师们压力很大。但是我没有靠行政命令来推，而是说“大家商量商量吧”，最后大家感觉早一天做比晚一天做更好。我想，这项改革确实会增加老师们的工作量。那我该做什么呢？我的工作就是不断地关心老师。老师们嗓子哑了，我说“尽快发润喉片”，尽管不一定管用，但这是一种态度。

同时，我们必须强化另一个东西，就是课堂里走出教育家。为什么？

过去我们一直说“一个好校长就是一所好学校”，实践证明，这句话有一定的道理。但时代发展到今天，当我们发现办好一所学校的最终追求是教好每一位学生，是每位学生个性化的成长时，我们就需要在各个学科、各个领域里有一大批有情怀、有境界、有高超的教育艺术的老师，靠他们来开发、实施多样化的课程体系，靠他们来帮助学生在不同的道路上共同成长。只有到了这个时候，这所学校才真正实现了教育家办学。所以说，如果我们认为教育家办学就是校长办学的话，那我们的思想就还停留在20世纪90年代，因为我们今天不是把一所学校经营得风生水起，让学校能吸引大批好生源就行了。当我们把一所好学校的目标转变为实现每一位学生的不同成长的时候，我们就需要在课堂里有一大批有教育家情怀、教育家境界、教育家心态、教育家智慧的人来做事情。

作为一个管理者，我们必须走在改革队伍的中间，而不是冲锋陷阵。如果你什么事都走在队伍的前面，一旦掉到陷阱里，这支队伍的风险就大了。所以，你应该走在队伍的中间，鼓励先进，安慰后进，努力在其中帮助大家解决困难，让这支队伍慢慢地、和谐地往前走。

谢谢大家！

2012年10月·北京

| 第二讲 |

绿化课程链

各位新老朋友，大家下午好！

刚才专题片《我们的一天》里播放的学校生态，是由选择性的课程所决定的。现在的十一学校，4000多位学生就有4000多张课表，他们面对着近300种可选择的课程，形成了1430个教学班。这样的学校形态，给我们的管理带来很大挑战。

这样的学校怎么管理？说实话，没法管理，这样的学校只能靠领导。通过领导力使每一个头脑都显现出智慧，使每一个领域都有一批精英、骨干在发挥着持续的领导力。当一所学校不再是通过一个脑袋、一种想法来管理的时候，才会有希望。那么，这样的学校怎么保障质量？如果我们仅仅关注课堂质量，仅仅关注考试，也就没有办法安全地控制质量，因为这些都太不稳定了，在各个环节上都非常容易出问题。

所以，要使这样一所学校拥有安全的、稳定的明天，我们必须在整个课程链的每一个环节上做文章。这个课程链有很多环节，如果我们能够在各个环节上使它们之间能够环环相扣、有机衔接，如果我们能够使每个环节充满生机和活力，如果我们让每一环都能够不锈，确保每一环都是安全的，那么我们就能够使最后的结果是稳定的、安全的。所以，十一学校的老师们在最近这两年的时间里，自觉或不自觉地做着一件事情，叫“绿化课程链”。所谓“绿化”，即从课程方案到课程评价的各个环节都能够具有生长性，更加自适应于每一位学生的成长与发展（如图 2-1 所示）。

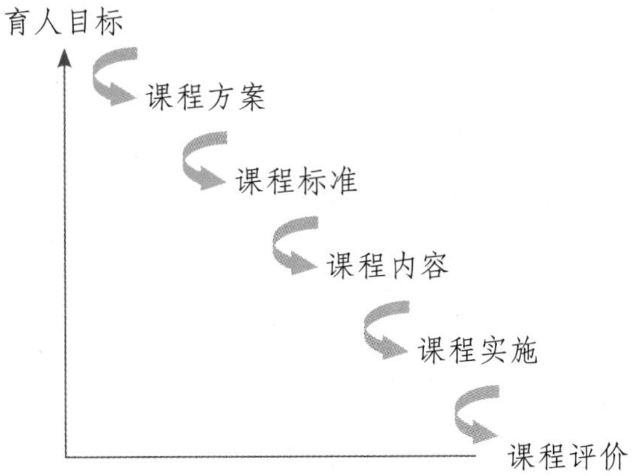

图 2-1: 课程链示意图

一、课程方案

课程链的顶端是课程方案。一个好的课程规划与设计就是课程方案。这个课程方案能不能做到顶天立地，能不能做到既基于国家标准，又适合本校的学生，这是我们面临的重要挑战。

一个绿色的课程方案，它的起点是选择。没有选择的课程就像是没有选择的商品。任何一个行业，它的成熟度的标志就应该体现在选择性上。只有大量的选择产生了，才会看见“用户需求”，才可能去改善与改进，这样我们才能认可这个行业成熟了。所以，一所学校的课程体系、课程方案是不是成熟，起点就是它的选择性。

让我们一块儿来看一个故事吧。《金陵晚报》在今年（2013年）6月份曾经报道了这样一个消息，各大网站全都转载了，说一个法国小伙子到南京第一天就哭了。为什么？因为他住在一个有91幢住宅的小区里，结果他出门再回家的时候，一直找到半夜都没有找到家。为什么？这91幢住宅全都一样。他问小区的保安，保安说不清楚；他问小区的老大妈，老大妈也说不清楚，最后警察带着他一幢楼一幢楼地找，最后终于在一幢楼的17层找到了一个贴着福字的房间，他说“差不多就是这个”。这不是笑话，这种事儿也不仅仅发生在住宅小区里。

其实，我们的学校好多时候就是这样。我们做了太多一样的东西，可是我们却希望培养出不一样的学生。这是不可能的。十一学校为什么要开发近300种课程呢？

因为有了这些不一样的课程后学生才可以选择，他们才可以变得不一样。我们可能会比较担心，你有这么多课程，学生会不会不知所措？其实，有一句话可以说明：“当人民获得自由的时候，他们就会找到适合自己的最佳道路。”有些学校的老师说：“我们没有条件。”我想，即使把体育课的田径和球类再进一步分开，把排球和羽毛球分开，把踢毽子和跳绳分开，我想这也是一个很大的进步，学生上体育课的热情可能就会油然而生。

一个绿色课程方案的标志是“适切”。每年高考报志愿的时候，有些学生会跟我商量，在他们自己初步选定的两个或者三个领域上，让我帮他们判断到底选哪个专业。一般我会问他们几个问题：“这些专业涉及高中的哪些学科？你哪一些学科学起来会兴奋？哪些学起来效率高？”如果你仅仅看到哪一个专业是热门的、时尚的、眼下挣钱多的而选择它，那么你未来的职业生涯往往就会找不到感觉，你也不可能成为这个行业里的领军人物。当你学习一个专业会特别兴奋、特别有感觉的时候，我相信这样的专业能够让你把工作和爱好结合起来，这样你才会不分“8 个小时之内是工作，8 个小时之外是生活，是爱好”，这个时候你才会有竞争力。

所以，我们怎么样让学生找到适切的课程，使他能够成为他自己，这是十一学校课程改革的一个重要目标。非常遗憾，很多学校一直没有这个意识。有一幅嘲讽学校的漫画是这样的：进学校之前的孩子每一个都是不一样的，但是进了学校再出来的时候，他们全都一样了。

传统教育更多的是希望抑长补短。而十一学校希望提供的这种选择性课程体系，更注重学生的自我调适。

孔子提出因材施教到今天已经 2000 多年了，为什么没有理想的实施效果？就是因为我们只是单向研究“我要因你这个材来施教”。但事实上这是办不到的，因为每个人最清楚自己，只有自己才知道鞋子是否合脚。所以，只有让学生自己去选择，在老师的指导下，因材施教才能真正地、有效地实施。

提供了这样一个课程体系之后，你就不用管太多。有的学生要扬长避短，有的学生要以长补短，还有的学生要舍短扬长，都是他们自己选择。教师就可以在“静观其变”中做出何时、何处进行“关键性介入”的选择。

刚才，大家看到的《我们的一天》视频片，尾曲的谱写者叫王凯基。他的数学不好，但我们没有给他补数学，而是创造各种条件让他学好音乐。学校的录音棚就是缘起于满足他的需求而建的，高二一年他整天宅在录音棚里不出来。为了他的梦想，学校安排专业老师帮他，甚至来访的意大利钢琴家迪托马都对他进行直接辅导，学校还专门为他一个人开设了“西方音乐史”课程。

从这里，大家可以看出我们不是尽可能去弥补他的短处，而是不断地帮助他把长处做得更长。王潮歌是2008年北京奥运会开幕式的副导演，也是《印象刘三姐》《印象西湖》的总导演，她说了一句话："我是用我的长处去工作，去生活，短处让它短着吧，我才不管呢。"虽然她说得有点儿极端，但非常有道理。

适切还包括学生的学习用书要适合学生。国家开发的统一教材更多的是面向全国各个地区、各类学校的学生，而且更多的是给老师提供了一个教学参考，好多东西需要老师重新开发。仅有国家教材确实很难为"这一所"学校的老师和学生。于是，我们学校的老师开发了大量的学习用书。这些学习用书更加关注学生学习的需要，方便学生自主学习。

十一学校初中的数学Ⅰ和高中的数学Ⅰ是不一样的。高中学生是通过中考走进十一学校的，学生的学业水平程度相对比较整齐，所以数学Ⅰ的难度是人文方向高考的水平。但是，初中学生大量是就近划片入学的学生，数学基础差异非常大，所以初中的数学Ⅰ，我们是帮助那些数学学习很困难的学生设计的。初中数学Ⅰ现在是8位学生一个课堂，还有的数学Ⅰ只有5位学生。

一个绿色课程方案的使命是"启蒙"。就是说，你必须去发现学生原本的样子。仅仅把我知道的教给学生是远远不够的，我们必须眼中有学生，必须找到他们身上隐藏得很深的潜能，让它们爆发出来。

其实，在座的各位，我知道有很多人可以当董事长、总经理，当省长、市长，但是由于各种原因没有被激发出来，因为没有遇到机会，但这并不代表着我们不具备这种素质。教育的责任是发现和启蒙。

有这样一位女生——黄婧怡，从小学到初中，一直到高二，十分排斥艺术，她认为自己没有任何艺术细胞。课程改革后，学校规定高中三年里必须有一个学期选择戏剧课，无奈之下，她选了话剧《雷雨》，扮演繁漪。穿上服装，走到台上，她的艺术天赋一下子被激发了，她说："我的灵魂是属于舞台的，或许我一直都把它藏起来了。我的血液里还是蹿动着那样的因子，让我觉得已经依赖上了舞台上的那种感觉。这已经不是一门选修课，它或许是我一场命中注定的经历。尽管那段独白没有镁光灯的陪伴，但是我却知道了，有那样一个灵魂，是为镁光灯而存在的。”

英国著名作家罗宾逊曾经说过：“人的潜能犹如矿产资源，它们往往埋得很深。”这就需要靠教育的力量去挖掘它。

还有一位女生，在初中的数学学习中，她一直认为自己数学不好，因为全班超过一半的同学考满分，她不过考 90 多分。进入高一，在选课之前有一个前测，她在前测中进入了班级的前 10%，数学有 5 个层次，自然选了难度最高的数学Ⅴ。在学数学Ⅴ时，这位学生找到了学数学的感觉，她很快变得不平凡，爱上了数学，并决定以后从事与数学有关的专业。

十一学校第一任建筑学院的院长是一位女同学，她有一个梦想，希望自己死后要继续“活着”。于是，她明白了要实现这样一个目标，就要当建筑师，把她的作品留在某一个城市里，于是她做出了很多让老师惊叹的建筑作品。

当然，我们这个课程的启蒙还有另一方面的作用。有位学生说：“十一学校有职业考察，我跃跃欲试报名参加了，最终得到了一些也算有用的结果，我可以划掉法律、划掉生物工程……”什么意思？就是他考察了之后才知道哪些职业不适合他。千万不要等到大学都学了半年了才发现不适合，那个代价就实在太大了。这也是一种启蒙。

一个绿色课程方案的良心是“包容”。大家看，这是一幅照片，还是一幅画？看上去它确实像一张照片，其实它是一幅画，只是看上去它太像照片了，可见绘画水平之高。（见图 2-2）

这些画，是英国的一个画家画出来的，他被称为“人体照相机”。只要让他坐在直升机上，在任何一个城市的上空盘旋 15 分钟，之后他画出来的就像照片一样。这是个天才吧？就是这样一个天才，却是一个严重的自闭症患者，到今天也没有治好。美国学者研究发现，天才们可能存在缓和型的自闭症，而实际上正是这一点使他们拥有了非凡才能。

图 2-2: 斯蒂芬·威尔特希尔的绘画

十一学校有一个枣林村书院，就是希望用它来保护类似的学生。

大家看到短片里的这个周子其，他是一个酷爱历史、视历史如生命的学生。大家可能注意到了，在这个片子里，说他最近酷爱读的是《剑桥中国史》。但这并不是老师安排他去读的，是他的导师发现他应当读类似的著作，于是就买了一批如《剑桥中国史》之类的名著放到自己的办公桌上——导师知道周子其只要是他办公桌上的书就都要读。这位学生好多课不上，好多课跟他没关系他却要去上。我们的教学管理、课程管理体系能否包容这样的学生？

还有一位学生很有意思，自从去年他来到十一学校后，我们就发现高中楼公共空间的电脑不断地被攻击。后来才知道，是这个学生在测试他的“本领”，他非常自豪于自己能把一台台电脑攻击掉而老师没能力把它们修复。这个孩子被枣林村书院的老师发现了。一开始老师想让他开发一些软件，后来发现没用，只能采用“放羊法”，只能给他空间、给他自由。老师就把他收到了枣林村书院，给他一些保护。目前，这个孩子发展得非常棒，他还开发了用身体来遥控幻灯片的一个软件。他演示给我们看，一点头幻灯片就翻页了，再一点头幻灯片又回来了。据说，这种软件市场上现在还没有。他就是这么一个孩子，至于以后会发展得怎么样，我们不知道，但是我们要给他空间。

我们的教育要给学生更多的包容，给他们提供一种空间，给他们一种帮助。而且，我们一定要有一种心态，就是千万不要杜绝什么，一定要给学生留一点儿犯错误的空间。如果我们把这个攻击电脑的学生处分了，我们很可能就会犯一个很大的错误。所以，不要一遇到什么事情，就要杜绝。有些学校管理得非常“规范”。我到一个地区考察当地一所最好的初中，校长带我在学校里看了一个多小时，每到一处都要我看看墙上有没有脚印。他告诉我学校的墙上一个脚印也没有，他认为这是他们校风好的标志，我说：“有几个脚印有什么关系呢？擦掉不就完了？”这个年龄的孩子正处在青春期，许多时候他们需要发泄，不要把这个和道德评判挂钩，他们只是要发泄情绪罢了。如果我们在管理上希望杜绝什么东西，我们就会伤害很多东西。

所以，我们要办一所不完美的学校，培养一批有缺点的学生。一个能接受自己缺陷的人才有可能接受他人。你是一个有缺陷的人，你周围所有的人都是有缺陷的，世界上没有真正完美的人，包括你的父母、你的领导、你的老师，也包括你的子女、你的下属和你的学生。完美只是一种概念，世界上没有这个东西。我们为什么要对学生如此苛刻？

一个绿色课程方案的核心技术是“平衡”。美国的阿伦·奥恩斯坦说：“作为课程的工作者，我们的工作是寻求一个中间区域，这是一个高度抽象和令人困惑的概念。在中间区域里，它不过分强调学科，也不过分强调学生；既不过分强调认知，也不过分强调社会心理的发展；既不过分强调卓越，也不过分强调平等。我们需要的是一种明智的学校哲学，它在政治上和经济上都是可行的，还能满足学生和社会的需要。这种教育观意味着过分强调任意一派的哲学，都可能造成危害并导致冲突。”

一个绿色课程方案的基石是“真诚”。很简单，你所有的思考、所有的用心、所有的设计都必须真的是为了学生好。

以上就是绿化课程链的第一个环节——课程方案，接下来说课程标准。

二、课程标准

说实话，我们国家现行的课程标准是从传统的教学大纲脱胎而来的，尽管我们做了很多努力，专家们付出了很多心血，但今天的课程标准仍然不尽如人意，拿来作为教学、学习、考试的依据，尚有欠缺，不好操作。一句话，太笼统，还有大量工作要做。所以，在命题的时候，命题专家们在课程标准的基础上，还设计了一个考试说明。老师们在教学的时候，特别是在教毕业班的时候，并不太关心课标，更多的是看考试说明。在“课程标准”和“考试说明”的冲突中，“考试说明”赢了，但我们的教育没有赢。我们怎么样才能让课程标准提倡的价值追求、确立的目标真正深入师生内心？我想，这是我们的使命，这是我们的责任。十一学校近年来一直在做一件事，就是细化课程标准，我们称之为研发课程标准细目。看得见、摸得着的课程标准细目，能够让老师作为教的依据，让学生作为学的依据，也是考试的依据。这个工作尽管刚刚开始，尽管还存在若干问题，但我们已经初步尝到了甜头。

以王春易老师《生物的遗传》这一章为例，其中有一个单元是“遗传的细胞学基础”，细目中细化为“说出、概述、建构、识别、区分、描述、解释”。其中第二个要素“概述”，又细分出了很多具体的标准。此外，有很多难以用文字来表达的，我们就用举例或图表的方式让老师和学生弄清楚这一部分的具体要求是什么。当然，也有一些答疑解惑，也有一些资源的链接。以数学为例，“不等式”的标准细目有9个方面，每一个方面从“理解”到“掌握”“运用”，都有非常细致的要求，而且每一个标准里都有题库。

以课程标准细目为依托，我们可以干什么呢？

首先，我们可以寻求教学方式的变革。过去，我们一直在说因材施教，但有时候我们真的不太清楚我们教室里的学生，因为我们没有把学生在教学内容上和能力培养上区分清楚。如果区分不清楚这些，怎么因材施教呢？但是，今天我们已经初步具备这样的条件了。我们的诊断基本上可以弄清楚学生的学习状况：通过标准细目，我们可大致判断出其学习的优势和缺陷，这时候给每一位学生布置的作业就能做到不一样了，因此，布置个别化的作业已经成为这些学科的基本原则。

周志英老师是一位初中数学老师，她和她的同事们正在做这样的事情——为每一位学生设计个性化作业。我们之所以能够为这一位学生布置个性化的作业，就是因为我们已经弄清楚了他对标准细目中所要求的知识和能力的达成情况。

在高三复习的时候，根据标准细目，教生物的张敏老师让学生自主学习、自主构建一个生物图系。她不断地让学生自己检测过关了没有。过去的教材、过去的课标，在知识与技能侧重上比例不清晰，甚至造成了我们在课堂上和平时训练中，侧重知识多、侧重能力少的现状。为什么？因为我们没有对多能力的目标进行细分，或者说我们没有进行分类研究。我们只知道一个大方向的能力，但我们不知道这个方向下的能力是由一个一个台阶的能力铺就的，所以我们就只瞄准了一个笼统的能力。越笼统的能力越难落实，这时候我们就会退缩，才会选择了一味的知识训练。

语文的鉴赏能力，这是一个教学难点。高考语文“鉴赏能力”部分，学生的得分率总是最低，比作文的得分率还低。为什么？长期以来，我们对鉴赏能力训练的研究是缺乏层次的。同时，我们对知识的定位又不高，容易造成教学围绕考试来训练，不能为实现能力目标服务。我们常常会认为，知识就是知识，我们记住这个知识就可以了。比如说，“鲁迅”这个笔名，大家记住他的原名叫周树人，笔名叫鲁迅，我们觉得这好像就够了，这就是我们对知识定位的目标。

其实，对这样的知识定位还要再高才行，还要把它放到对鲁迅理解的更深层次上，对他作品的理解——这样一个高度来理解。我们知道他母亲姓鲁，鲁迅之所以选他母亲的姓氏作为他笔名的姓氏，是因为他受母亲的影响非常大，所以在鲁迅的若干作品里都会看到他母亲对他深刻的影响。我们记“高尔基”这个笔名的时候，知道他是一个苏联的伟大作家。“高尔基”在俄语里是“苦难”的意思。他选这样一个笔名你就能更清楚他的身世了，也就理解了《在人间》《我的大学》这些自传体小说的来源。我们如果能把知识再往前走一步、再提高一下，我们就会有更深层的理解。

明确课程标准细目，有利于我们循序渐进地实现教学目标。过去，对有些能力点，我们总是希望一步到位，但事实上我们必须为能力铺设台阶。只有铺设了台阶，我们才能使学生不断地找到自己学习的规律，而且不断地会让学生产生成就感。

今天，我还和一位老师讨论了有关语文阅读分级的层次问题，就是我们从语理的角度，准备开发适合那些文学修养并不是特别高的学生学习语文的一个阅读训练的课程。到底需要多少个台阶？我提了一个建议：“每一个年级起码要有一个台阶。”也就是让学生在每一个学年度会有一个台阶的能力提升。有些优秀学生会提升两个台阶，但是要确保一般的学生能有一个台阶的提升。这不仅仅是一个课程，这也是让我们把能力划得更小一点儿、台阶铺设得更密一点儿，这有利于学生循序渐进地学习。我们这样做才能给学生以成就感。但是，我们过去的课标，知识的梯度要求不明晰，就靠老师自主把握，每一位老师的能力和经验又不一样，所以就会经常出现有些老师希望学生一步到位的问题。教育不能等待，就会产生大量学困生。现在许多学校三年的课程两年完成，甚至有些学校一年半就完成了，这种方式最容易产生学困生。我们一味地希望不设台阶，不螺旋式上升就能够一步到位，但这样学生就会望而却步。我们一定要学会等待花开。我们埋下一粒种子，一定要等待在一个适合的时间里让它开花、结果，这是需要时间的。如果我们学不会等待，就有可能出大问题。

前两天去看望莫言老师，当我们四个人一块儿走进他房间的时候，他女儿带着小外孙女也在房间里。两岁的小女孩看到在一个小小的房间里进来四个陌生脸孔的时候，显得特别紧张、特别焦虑。正在这个时候，她的妈妈一定逼着她叫我“爷爷”，以显示她的礼貌，但这个小女孩就是不肯叫——她们搞得有点儿对立，而且越来越紧张。于是，我给小女孩儿铺了一个台阶，遇到类似的情况我总是给孩子铺台阶，我说：“这一次就不要叫了，下一次见面时再叫。”于是，全家和这个小女孩儿全都放松了、不紧张了。走的时候，这个两岁的小女孩说了一句话：“谢谢你。”为什么？因为我没有让她一下子上那么高的台阶。这么一个小小的空间里一下子进来四位陌生的面孔，还没弄明白这些人是“什么东西”，你让她干那么重要的事，怎么可能呢？

她心里非常紧张的时候，一定要给她台阶下，给她一个好的、成功的心理感受。即使她下一次不叫，第三次也就差不多了，这是我的经验。

一样的教学内容，当用不一样的梯度的时候，学生的得分率、正确率是不一样的。另外，如果我们明确了教什么、怎么教的问题，事情往往也就会迎刃而解。我知道大家现在特别关心的是方法，是课堂教学模式。但是，如果你不把内容研究清楚，仅仅研究方法那叫研究技巧。我们必须站在最高处，来研究我们到底教什么，能够判断教到什么程度，这才是很重要的。当然了，课程标准细目的出台也让教和学有了标准，也实现了系统的教研活动和专业成长。为什么？大家一块儿编课程细目，其实就是一块儿备课，就是一块儿实现专业成长。

三、课程内容

链条的第三个环节是课程内容。过去没有进行课程改革的时候，我们对课程内容的理解很简单，课程内容就是教材。今天，我们必须放大课程内容的内涵，这个课程内容是一个资源的概念。美国的泰勒曾经提出来，课程开发有三个信息源，即社会、学生和学科。在课程改革里面，我们希望让资源“润滑”教学方式的变革。为什么要实行走班上课？因为一个中学生学每一个学科的难度和深度需要更多、更丰富资源的支撑，各个学科的资源不可能是一个教室盛得下的。

我们在北京的亦庄办了一所小学。这所小学一到三年级每个班就是一间大教室。所有资源都分布在这间教室里。一个角落里放的是图书、绘本，一个角落里放的是玩具，一个角落里放的是计算机，一个角落里放的是科技器材。所有资源都集中在一间教室里，30 位学生就够用了，因为他们所学知识的难度对资源的需求不是特别高。

但是，到了中学就不行了，你要上语文课的话，学生不读书算是学语文吗？你要学数学的话，你教室里就需要更多的黑板供师生演算。当我们把所有资源都配置到一间教室的时候，我们发现教室里放不下。所以，我们只好建设学科教室，让这些学科教室为学生的学习过程服务，让师生能最方便、最自然地进入教和学的过程。在学科教室里，有实验仪器、有药品、有图书、有挂图、有各种报刊，学生在里面不再分上课、下课。星期六愿意到学校自修，寒假、暑假愿意到学校的学生，也可以打开自己的教室做他喜欢做的事情。教室里还配了一大批文具，哪个学科需要什么文具，也把它们配置到教室里去。每个教室各有特色。资源还可以协助实现课程目标，我相信大家都知道。在这里，教学资源可以发挥更大作用。

我还想说，我们的戏剧课，不仅仅是为了培养学生的艺术修养。在这个课程中，我们赋予它更多目标。

比如说，我们希望每一位学生在一个戏剧课里面要扮演一个角色、要承担一项剧务，为什么？因为我们希望培养孩子换位思考的意识。这一代独生子女先天不足，相对于过去的孩子，他们确实是比较自我一点儿，什么事情做起来都不太考虑别人的感受。但是，让你扮演角色，让你穿上服装在灯光下成为一个角色的时候，你就必须设身处地定位自己的角色，还要想一想怎么和另一些角色打交道。尽管不是为了公演，我们还是给孩子们买了一大批服装和道具。这些服装其实很便宜，但学生一穿上，他的感觉就不一样了——就入戏了，就有了不一样的心理感受。当每一位学生承担一项剧务的时候，就会产生沟通和协调。管灯光的必须和管音响的配合起来；管道具的必须和导演、各种角色配合起来。他们之间不断地争吵、磨合、沟通、协调，不断地妥协。

在这个过程中就实现了我们培养学生学会沟通、学会合作、学会妥协、“退半步，进一步”的基本素质。

开设戏剧课，我们还有一个目标，就是希望学生能够在集体之外成长。在传统的教育学里，我们更多的是考虑把学生放在集体里教育。我们也特别擅长这一点。可是，当学生不在集体里的时候，怎么教育呢？这对我们是一个严峻的挑战。因为在今天，我们的学生更多时候是一个独立的个体。他怎么成长？需要什么样的空间？需要什么样的水分、养料和空气？我们必须认真加以研究。

一所学校必须给学生的成长带来一些空间，一所学校必须在设计学校的课程和环境的时候留有余地。

比如说，过去开年级大会，都是一个班一个班排着整齐的队伍来到会堂。每一个班坐在哪个地方都有规定，可是今天没有班了，怎么去参加这种大会？学生和老师的待遇一样了，学生也是像老师一样零星地来到会场。可是，第一次大会让老师们感到很震惊，学生一个都不缺，全都去了，而且比过去更有秩序。这种现象说明什么？我们必须去研究。

一所学校除了课堂教学，还要考虑怎么给学生提供休闲的地方，我们要把更多的公共空间让出来给学生。这两年我们花了很大的力气，把学校所有的仓库都腾了出来，把老师们的办公室腾出来给学生。为什么？因为一个城市的成熟度取决于这个城市有多少公共空间。这个城市的公园、电影院、咖啡厅、健身房决定这座城市的成熟度。如果一个城市没有这些东西，我们就会说这个城市品位不高、这个城市不够成熟。那么，一所学校也是这样。这所学校如果仅仅有集体活动的教室，没有学生个体成长的自由空间，它就不是一所成熟的学校。

下面说另一个案例。

去年（2012 年）在初一一个学段之后，初中学部进行了一个诊断，诊断学生最喜欢的学科教室是哪一间，结果显示，初一学生排在第一位的叫老师感到很惊讶，不是历史教室，不是地理教室，不是生物教室，而是数学教室、语文教室、英语教室。老师们感到非常紧张，通过跟踪调查，老师们明白了，他们说让学生喜欢自己的教室，绝不是把教室布置得漂漂亮亮就够了，关键是师生关系。后来，老师们自己总结了这样几条：常与学生沟通交流，留出时间让学生讨论、提问，耐心解答学生提出的问题，等等。这个案例说明了什么呢？说明教师是最重要的课程资源。

今年（2013 年），美国评出的年度教师是杰弗里·沙博诺，他的一句话可以给我们启发，他说："教学，不仅在于我们做了什么，还在于我们是什么。"当我们的老师不在办公室里，而是天天待在学科教室里，天天跟学生在一起的时候，老师的言传身教就不是一句空洞的话了。学生天天在模仿你，甚至对你的穿着也会品头论足。所以，以身示范，老师的全人教育，就是我们重要的责任。

我想起一个亲戚，带自己还不到两岁的小孩儿坐动车。这个孩子特别喜欢干吃方便面。在半道上他爸爸有一点儿饿了，就打开方便面吃。这个小朋友也想吃，就从爸爸那里要过来吃。他爸爸想要回来，怎么办呢？他爸爸说："孩子，你给我吧，我饿得抬不起头来了。"而且还做出一个抬不起头来的姿势，于是，孩子就把方便面给他爸爸，让他爸爸吃。可是，见他爸爸没有还给他的意思，这个小孩子竟说出了令他爸爸吃惊的话："爸爸，我也饿得抬不起头来了。"他也把头耷拉下来了。这就是言传身教。后来，他爸爸有点困惑，说："这种情况该怎么办？"我告诉他："你仅仅说'爸爸饿得抬不起头了'，这是语言的艺术；如果要把它做出来，你就是欺骗他。"所以，我们怎么样让学生知道我们是什么，这是教师最重要的课程资源的一部分。

学生也是课程资源。学生申请自己讲授学习内容，他们认为讲给别人听是最好的学习，几个年级都有学生讲座的安排，同学对他们的评价非常高。这些学生对学生的评价鼓舞了讲课的学生。当然，各个年级还设了好多擂台，让学生当擂主，不断地解决一些教学难题。命题的时候，也有些学生参与，如果题目是学生命题的，试卷上就写上命题人的名字。

在戏剧课上，学生的作用就更大了。因为在每一个剧目里面，学生真是有很多方面的艺术素养超过老师。编舞、导演、创编，等等。学校的学生成长服务中心有一个“学长有约”活动—— 一些在校园里有影响力的学生，开自己的小讲堂，也请一些学弟学妹分享他们的经验。

另外，不要把孩子框定在你的知识领域里，因为他们将生活在另一个时代。我们今天为什么主张学生自主学习？因为他们面对着的是一个更加多变的世界，他们必须具有独立意识，学会自主选择，才能应对那个属于他们的未来。

四、课程实施

课程链的第四个环节是课程实施。

课程实施中有两个关键要素，一是个别化。

必须承认，对课程的实施质量影响很大的就是班额。认真研究发达国家的教育，我们就会发现，尽管这些国家的教育各有千秋，但有一个要素是一样的，就是个别化。无论是欧洲、北美，还是澳大利亚，这些国家公办学校的平均班额都是20多位学生。前两年，我曾经带过一个“管理学与领导力”的课程，开始时有21位学生，可是后来有很多学生要求插班，最终到了30多位学生。只有21位学生的时候，上课时，我可以自在地运用讨论等方式教学，不需要多少组织技巧也基本上可以关注到每一位学生，可以清楚哪位学生真的会了，他理解到什么程度。这我基本上能够掌控。但当到了30多位学生的时候，我放弃了了解、关注每一位学生的努力，因为我做不到了，只好放弃。

我们一个人的掌控能力都是有限的，会有一个可能的空间、可能的尺度和可能的跨度。

现在，我们的教学班全部控制在24位学生以内。为了实现个别化，这给我们的老师带来了巨大的工作量，因为我们的老师没有增加，学生没有减少。增加的是什么呢？增加的是教学班。过去一个语文老师、一个数学老师教两个班就算是满工作量，就是标准工作量，但现在他们要教四个班，有的老师要教五个班。他们天天在教室里和学生待在一起，他们的工作量很大。但是，事实上作业量却没有增加，还是那些学生作业，但是课后辅导的任务减少了。为什么？因为大量问题在课堂上就解决了。开始的时候，我们有点儿担心，但是后来绝大部分老师还是感觉挺合算、比较合适。

其实，在西方的学校里，老师们对工作的理解和我们是有差异的，他们认为，只有和学生待在一起的时候才是在工作。你到香港、到新加坡也会发现，一位老师一星期上30节课，所有的课程表都是满的，老师和学生每堂课都待在一起。我们也正在做这样的尝试。我们学校最小的教学班只有一位学生；打台球的，是两位学生一个教学班，因为他们身体状况的原因，台球课程是为他们专门开设的。

同一间教室里的分区学习，是课程实施中实现个别化的有效策略。在同一个课堂里，空间被划分出不同的功能，学生有的在读书，有的在做实验，有的在讨论，有的在上网查资料，有的在听课。比如，在生物课上还有一位学生，一个学期是站着听课的。为什么？老师说，教学内容这位学生基本上都会了，他站着是为了干他自己喜欢的事，一听到有他自己觉得需要关注的事，他就走过去看一看。所以，他一个学期里都站着上生物课。

在这样的教学生态下，不一样的学习方式百花齐放，竟出现了不上课的学生。那位以最高的生物分数考上了中国农业大学生物系的叶大家同学，高三一年就没有上过生物课，而是专门负责回答同学中的问题，全班谁有问题必须先问她，她解决不了才能再问老师。有一次，一位学生忘记了，跳过了她，先问老师去了，她听说后火了，去找那位学生理论。她就是靠这样一种回答同学问题的方式来学习。

在一次学校教学沙龙上，我们学校的一位数学老师在结束语中说了这么一句话："我可爱的打印机，感谢你。它的功能不仅仅可以打印，还可以复印和扫描。"什么意思呢？因为学校给每一个学科教室都配了一台打印机，他可以随时把学生做错的一些题目扫描进去，打印出来，发给所有学生让他们借鉴。这样，教育就实现了个别化——把每位学生需要的作业、需要的训练打出来发给学生。所以，我们学校的假期作业，这个年级一共有550位学生，就有550份假期作业，每一位学生的假期作业都是不一样的。开家长会，交给家长的方案也是一名学生一套方案，一名学生一种分析。

还有一种学习方式叫作对话式。没有了行政班，就没有了行政力量。过去，我们找学生谈话，如果这位学生有问题，一般来说，我们15分钟就搞定了，他很快就会承认错误。但现在不行了，你必须说出道理来，你必须从内心里把他的问题解决了。如果不是这样，你就没有办法说服他。因为你不能用行政力量去压迫他，你需要教育的智慧，需要教育的情怀，需要教育的艺术。在这样的条件下，如果我们还是用过去常用的说服方式，如果不去沟通、不去对话，就想很快说服他，让他们接受我们早就在内心认定的那个道理，今天已经不行了。

我们学校有一位老师做过20多年的班主任了，教学组织形式变革后没有了班主任，他成了教育顾问，在一个年级里负责关注学生问题。有一次，常规管理项目组的一位老师跟一位学生闹僵了。这位学生在自修教室里连续三次说话影响别人，都被这位常规管理老师发现了。这位老师就想教训这名学生一下，他当着其他学生的面批评了这名说话的学生，而且要取消他在这个教室里自习的权利，学生就嫌老师不给他留面子，于是发生了冲突。冲突后，这位老师就把这位学生交给了这位教育顾问。

教育顾问把这名学生请到了谈话室，一开始时他想让这名学生向老师道歉，结果整整谈了两个半小时都没有谈通。正好碰到我，我说："过去你当班主任的时候，曾经发生过这样的事吗？"他说："没有一位学生超过 15 分钟，全搞定。"我说："你认为过去的教育结果是真的吗？"他说："现在看来那是不真实的，其实是人家给我们面子了，因为我们是班主任，学生只是佯装服气了。其实，他犯的错误，第二天还在犯，第三天还在犯。"这样的教育是虚假的，因为师生关系的不平等，我们找不到真实的起点。可是，今天的教育找到了真实的起点，但却面临着巨大的挑战。

这位教育顾问老师跟负责常规管理的老师和年级负责人沟通后，确定了另一种策略。在他们第二次约见的时候，他首先向这位学生道歉，他说："在第一次约见时，我不该在没有弄清全部事实的时候，就想说服你向老师道歉。"结果，他向学生道歉的时候，这位学生也感觉不好意思了，也向他道歉。但问题并没有解决，这一次又用了两个多小时。最终，这个问题用了两个多月才解决。在这个过程中，我们老师也改变了，积累了许多教育智慧。这样一种对话的方式，事实上带来的教育效益是高的，可以影响孩子一生，但是需要你有更多的智慧。

还有一个让我们感到很困惑的事情，就是当我们打破了行政班——走班选课之后，过去读小学时有行政班的学生在相当一段时间里会不适应，因为他需要一种团队的归属，他在较短的时间里找不到归属感。但是，我们必须让孩子自己寻找这种感觉，去寻找在八九个教学班里流动的感觉。过去，在一个行政班里，每一位学生在班里的角色容易固化。你是班长，到毕业 20 年了你还是班长的那样一种派头；一个后进生毕业 20 年了，在这个班里的聚会中还是会感觉有点畏畏缩缩。事实上，当我们把学生放到各个班里的时候，我们希望他能找到不同的位置，扮演不同的角色，承担不同的责任。你在数学课堂里是“学霸”，但是你在戏剧课上可能就是跑龙套，是为别人服务的角色。

我想，有这样经历的学生走向社会时，他就会扮演不同的角色，就会解决我们目前社会上普遍存在的，一个人退休了，也得依托一个单位，甚至有些领导同志只会当领导这种状况。长时间固化在一个角色上是很危险的。每一个人只有学会了在不同的团队里都能找到位置的时候，他才是安全的，他的人生才是健康的。

这样一种对话方式，事实上还带来了另外一个效果，就是学生愿意敞开心扉真实地面对老师了。我们学校政治学科的刘梅老师，做了 20 多年班主任，现在却让两位学生的问题难住了。这两位学生恋爱了，有些影响学习，而女孩儿的家长又不同意他们继续交往，两个孩子拿不定主意，只好去请教他们信任的刘老师。刘老师做了 20 多年班主任，从未有学生主动请教过类似的问题，一时竟不知如何支招。学生的恋情公开了也就安全了，因为你就可以管理了。最怕是“地下党”，在校园的角落里搞这种事情，没法管理，没法控制。

过去在学校里不管发生什么事，就是交给班主任处理。这位学生在数学学习上不下功夫，也找班主任；今天没有班主任了，你找不到他了，每个老师都得自己想办法。如果这位学生缺乏学习数学的动力，你就需要给他装上发动机；如果影响这位学生学习成绩的原因之一是家庭，那你就需要找家长，你不再只是个学科教师；如果这位学生学习习惯不好，你就要跟他研究、解决学习习惯的问题。所以，每一位老师都承担着原先班主任的工作，教学和教育分不开了。

教育开始从重结果转向了重过程。大家看专题片里的那个刘雨童同学，她是一位特别优秀的学生，中考成绩很好。这个孩子相对比较拘谨，不像那两个十一学校的“土著”那么放得开。这位学生去年这个时候没有度过适应期，还在不断变化。在片子里，她的梦想是做一个媒体人，她选的艺术课是影视制作和编导。但高二选课的时候她变了，因为她用了大量时间去体验。这就是说，每个孩子在这个过程里面的变化，是谁也代替不了的。我们不希望孩子一下子就找到一个正确的、合理的结果，因为这永远办不到。不仅办不到，而且如果没有一个复杂的心理过程的话，有一天他可能就还会摔跤，还会遇到新的挑战。

我们怎么让学生不断地去经历这种过程呢？像我们的戏剧课，学生每一个学期可以重新选择一个戏剧。24位学生来自不同年级，初中、高中学生都有。每学期开课之初，整个课堂就是乱糟糟的，因为每一位学生、每一个剧组、每一个角色都认为自己是中心，都认为自己最重要，都希望别人来服务他、和他配合。按北京话说，这时，每个孩子都像大爷一样。但是，到一个学期结束时，你就会发现每一位学生都成“孙子”了，每一个人都在服务别人。为什么？在一学期的排练过程里，他们发现只有服务别人，你才有影响力，才有领导力；只有退后一步才能前进两步；只有妥协了才能成事，才能干更大的事；只有合作了才会有更高的效率。

所以，这样的过程是孩子人生的重要财富。戏剧课其实还有一个别样的目标，就是我们希望给孩子提供一个公开的、合法的男生和女生交往的平台。说实话，在青春期里，不让男生和女生交往，是压抑人性的做法。教育必须顺应人性，必须和孩子的天性合作。所以，在男生和女生交往的过程中，我们必须使他们的情感变得更加丰富、更加健康、更加向上。

戏剧课上即使一个男女牵手的动作，也并不简单，一开始双方是捏着铅笔两端；过了两个星期，老师把铅笔收起来了，他们就拉袖子；一直过了一个多月，男生和女生才开始手拉手；到最后，一个学期后，在戏剧节上他们就变得非常自然了。我们为什么要这样做？我们希望在青春期里，打破男生、女生之间的神秘感，让他们在交往中学会健康地交往。

还有，我们要用增值的思路去实现更多的课程价值。举个例子，“泼水节”是我们低成本实施素质教育的一个案例，这不需要花什么钱。每年 6 月下旬，在操场上摆好塑料箱，注入自来水，晒上两个小时，分年级的泼水节就可以开始了。为什么分年级？因为大家都认识。不认识，泼来泼去没意思。这个泼水节为了什么？一是为了让孩子感到快乐。但是，仅有快乐是不够的，我们还希望通过这样的课程，实现师生平等的教育目标。师生之间你泼我一脸盆，我冲你一水枪，关系就又近了一步。但开始的时候进展得并不顺利，很多老师，特别是有点儿年纪的老师往往过于矜持，学生也不敢去泼他，如此就达不到教育目标。

后来，学生策划团队想了一个主意，先把老师们请到主席台上，让他们每一个人都带上一盆水，这盆水叫作幸运之水，由老师们先来泼主席台下面的学生。事实上，这盆幸运之水，刚刚泼到学生身上，学生的水已经冲上来了，因为学生用的是水枪，压力大、速度快。特别是当老师们泼出这盆幸运之水，要从主席台下来的时候，两边的台阶上全部站满了端着水盆的学生。这样，一场混战就开始了，不分老少，也不分男女。第二天，大家见了面都还笑得不行，这一下子就拉近了距离。

课程实施的再一个关键因素是“内动力”。内动力是个体成长的发动机。十一学校的关键成功因素之一就是内动力。如果没有内动力，我们肯定就会失败。因为过去的传统教育是把学生放在一个集体里来教育，今天我们更多的是把学生作为一个个体来教育。如果他自己没有发动机，他就没有翅膀，这个风险就会很大。但是，怎么激发内动力呢？西方国家的大学在录取学生的时候非常看重内动力。哈佛商学院给学生的 17 个要求里面，排在第 6 位的就是看这位学生有没有动力体系。在十一学校里，我们有生涯规划，有过程评价，每一位学生、每一天课堂上的表现，你提问题的深度如何、你的作业质量怎么样、出勤的情况，等等，每天都有评价。每天，每位学生都可以打开自己的后台，看到自己的评价结果。此外，从初中到高中，我们还设有导师、咨询师，等等。

但是这样还不够，我们还要管理梦想，让学生的每一个梦想带着学生走一段路。很多家长在跟我接触的时候，他们往往对这个不以为然，他们会说："我小时候就想当科学家，你看现在当科学家了吗？没有！我的孩子非要当科学家不可，我觉得不可能。"我说："每一个孩子只要有梦想，任何梦想都是对的，任何一个梦想都可以带他走一段路。"我说："小时候，我也想当科学家，后来想当作家，都没成功，但是没关系，因为每个梦想都带着你走了几年。慢慢地，你不断地明确目标，你变了。变了也没关系，但是你必须有梦想。"

短片的另一个主人公胡溪的梦想是做一名传媒人，她在《歌舞青春》里是主角，在社会上是一个微电影社团里的一名骨干，她的梦想就是这样。她其他学科并不是特别好，但我们鼓励这样的学生去实现这样的梦想。我们并不要求学生放弃这些梦想，去拼命提高数学分数，多考一点儿分数对她来说意义不是特别大。

十一学校汽车教室的由来是因为我们学校的一名学生。这名学生还没进幼儿园的时候就喜欢汽车，现在已经研究汽车十几年了。所以，到了十一学校后，他就特别希望能有一个汽车教室。为此，我们腾出一间仓库，开设了汽车设计课程，后来就有了几百个喜欢汽车的孩子走进了汽车教室。现在，许多老师、家长要买新车，都会找这名学生咨询。这个孩子有一个汽车梦，但后来他没有学汽车专业，他去年上了清华大学的材料工程专业。我问他为什么，他心里想的还是汽车，但对仅仅研究当下的汽车觉得没有什么挑战，他希望能从材料科学里寻找一种新思路来实现汽车工业的突破。

还有一名学生做了一个六轴的飞行器，飞行器上带了一台摄像机来航拍十一学校，并剪辑了一个片子推介十一学校。有一天，他与我共进午餐，他带了他拍摄的好多片段。我一看，这些内容拍得确实很好，但每隔一段时间画面就抖动、不稳定。当我提出这个问题时，正中他下怀，他说：“不好意思，这个六轴的飞行器不稳定，需要一个八轴的飞行器。现在缺钱了。”没办法，我就给他资助了 8000 块钱来做一个八轴的飞行器。他得了这 8000 块钱后，征集了好几位学生一块儿帮他制作这个飞行器。

五、课程评价

课程评价是课程链的最后一个环节，但却至关重要。因为课程的选择性和开放性，所以整个实施过程是开放的，再加上张扬的学生个性，不同教师不同的教学风格，使这场课程改革充满了风险和不确定性。在管理上我们喜欢说“一放就乱，一收就死”，那么，我们有没有什么办法去改变这样的改革宿命？课程评价，特别是过程评价，在这里就起了至关重要的作用，它就好比放飞风筝的那条线。

当学生在每一天、每一节课里都有基于标准的评价，他的努力能够收到及时的反馈时，评价对他的学习成长的促进就相当大了。尤其今天有了移动互联网和 APP，每一位老师都可以在移动终端操作评价，学生和家长都可以随时接收的时候，效果特别显著。

最后，我们一起看一个帖子，这是一位学生在“十一贴吧”里写的一段话，他说：“看大家都在发运动会的照片，真的很羡慕。虽然早就知道今年的运动会不靠谱了，但是得知真的没有一整天的运动会后还是很失望。开幕式被挤在了下午的体活时间里，还没啥人知道，真不知道意义何在。本来以为去年运动会办得很差，今年会有所改进。如今我就庆幸三年前最牛的运动会被我赶上了，十分幸运。十一曾经让我引以为豪的运动会，再也不存在了。”

我们的运动会不再是那种拿出两三天来以班级为单位的运动会了，而是一个体育季，每天都有一些对抗赛，以增加学生的参与度。但是，学生早就习惯了那种大场面，我们怎么样让我们的学生也能够适应这种改变，并能够在其中得到锻炼、受到教育、得到提升？我们不能回避这种感受。尽管我们追求的是让学生普遍参与，而不是一部分学生运动、一部分学生看，但要让学生实现这样的一个转变，我们还有很长的路要走。类似的问题有很多很多，给我们带来了巨大挑战。

希望各位老师能给我们贡献智慧，给我们批评指正。

谢谢大家！

2013年10月·北京

| 第三讲 |

走向个别化

《北京市十一学校行动纲要》里有一个重要的内容，叫“关键成功要素”，一般不超过八项，每三年经过教职工代表大会进行一些调整，我想首先让大家比较一下三次调整的情况。

2007 年：教　师　决　策　经　费　机　制
生　源　校　风　配　置　创　新

2010 年：教　师　机　制　国际化　课　程
生　源　经　费　数字化　创　新

2013 年：教　师　课　程　个别化　内动力
国际化　数字化　生　源　标准化

大家可能注意到了，在 2013 年的调整中，非常醒目地呈现一般很难被理解的三个要素是“个别化”“内动力”和“标准化”。

为什么要有“标准化”？因为我们已经把学校放得很开，但越是放得开，就越要收得住。在上个月，在十一学校举办的“上海名校长培养基地”结业仪式上，我跟大家交流的题目就是“放得天高地阔，收得斩钉截铁”。这里的“收”，其实就是通过标准化建设，以规范创新成果。

为什么要有“内动力”？因为当我们不再用行政力量约束一个个学生的时候，当我们把他们作为一个个独立的个体去教育的时候，怎样才能让他们变成一个个有自我驱动系统的动车组？如果仅仅靠外部的压力，学生最多能够实现眼前的目标。像高考就是一个眼前目标，因为有就业的压力、家庭的压力，学生可以为这个目标而奋斗。但是，如果没有内动力，他一旦实现了高考这个眼前目标，他就不知道要干什么了。我们之所以特别重视内动力，是因为我们希望他在未来的一生中，能够永远知道他要到哪里去。

为什么要有“个别化”？因为我们希望能追寻教育的本质。过去，我们讲教育，基本上只讲到“素质要求”这种程度，它可以是学生的分数，还可以是学生的综合素养。但教育远远不止如此，教育还应该往深处看，还应该往每一位学生的特征上去看。我们希望通过教育，使学生最终能够唤醒自己、发现自己、成为自己，并且使他们具有独立的人格和自由的思想。

在八大关键成功要素中，我们通过“个别化”这个要素引导大家回归教育本原，关注个体生命的成长与尊严。在学校发展的每一个时期，作为学校的领导者，我们心中要始终清楚这个阶段最为重要的、应该集中精力做的是什么。当我们知道“个别化”在这样一个阶段里，对实现我们的教育目标至关重要的时候，我们就要把大量的资源投向它。具体如何投放呢？

下面是《北京市十一学校行动纲要》有关“个别化”这个关键成功要素的具体阐释。

1. 认真研究24人以下教学班的课堂教学规律，实现课堂教学个别化教学方式的重大转变。

2. 最大限度减少学校、年级、教学班及各种团体的统一活动，研究常规工作个别化实施的操作办法。

3. 建立学生个别化分析和诊断机制。

4. 任何人不得占用学生的自主时间，对课堂教学以外的时间要确保学生自主安排，确因工作需要，必须通过规范的程序与学生协调，并报学校批准。

我们希望在一个阶段里，针对“个别化”，投放大量人力、物力和精力。今天，我跟大家交流的题目就是“走向个别化”。

2010 年，十一学校提出“课程成长年”的年度目标。“课程成长年”解决什么？就是让每位老师都成为课程的开发者、实施者，每位老师都要站在课程的高度、以课程的眼光来审视学校的所有资源。在“课程成长年”的推动下，我们让全校 4000 多位学生有了 4000 多张课表。丰富的课程使学生有了相当的选择性。

课程的选择性使得课程的丰富性和成熟度日渐成型，但确实不完善。为什么？因为我们面临很多挑战。

一是谁为多样化的课程负责。校长能做到吗？分管的校长能做到吗？教导主任能做到吗？学科主任能做到吗？做不到！ 265 门学科课程、30 门综合实践课程、75 门职业考察课程，单靠某一个人、某一方面的管理措施都做不到。所以，我们就有了首席教师负责制的课程体系，你负责数学Ⅰ，他负责物理Ⅱ，从初一到高三要系统思考。

二是怎么保障课程实施的质量。过去，只有十几个门类的课程，校长一眼就能看清楚。今天，你已经看不清楚了，于是，我们就有了诊断式的考试，就有了命题老师和授课老师的“考教分离”。教学评价也不是评价一位老师，而是评价一个团队。为什么？因为在一个年级里面，从数学Ⅰ到数学Ⅴ，大家教着不同的数学。但最后的成绩，中考和高考却是一个成绩，如果我们一个一个评价老师，那是没法评价的。或者说，即使你费尽心思做出一个评价，也是不科学的。所以，评价团队就显得非常必要。

三是如何保证后进学生的成长。于是，我们就有了“援助课程”。

四是如何进一步满足学生日益增长的课程需求。这就是课程完善的机制。

一、课程完善

课程完善，是一件永无止境的事。《北京市十一学校行动纲要》在课程方面提到这样一个要求：“进一步明确每一个课程的定位，充分认识其课程价值，不随意更改，不随波逐流。”有时候，就是因为我们很难把自己定好位，我们什么都想要，所以往往就找不到自己了。

据说，有些学校也进行了分层走班，数学、英语分为2–3个层次。但是，教着教着，不同的层次又都走到一起了：难度大的逐步降低难度，难度小的不断提升难度。为什么？因为他们没有定位，这个课到底是为了什么？到底是为了一个孩子未来的人生，还是仅仅为了取得好的分数？是为了满足学生上大学后继续学习相应专业，还是仅仅为了应对中考、高考？如果这些都没有想清楚，就容易摇摆。

我们初中的数学Ⅰ，是教学班学生数最少的课程。这个课程一般是5–8位学生，课堂上基本是老师对学生一个一个地辅导。数学Ⅰ的定位什么？是为了让那些学不好数学的学生有一段愉快的数学学习时光，他在这里面不会被歧视，没有焦虑。我们帮助那些学不好数学的学生获取自信，让他们的潜能得到彰显。尽管这些孩子数学不好，但是他们将来很可能会成为了不起的人物，即使他们没有什么了不起，我们也希望他们拥有自信、阳光的人生。有的孩子本身就是音乐团的某一种乐器的首席，也许他恰恰不需要学好数学，因为他学好数学，也许就破坏了他的“艺术细胞”，就杀伤了他的艺术想象力。但是，在过去传统的课程里面，他会很难受。我们初中的数学Ⅰ，这样一个定位就使数学老师和学生的关系变得非常融洽。

不同年级的初中历史课如何教？我们的历史不再上三年时间，而是增加周课时，把它放在一年里完成。这就带来一个问题。一个初中学生，既可以在初一选，也可以在初二选，甚至也可以在初三学。但是，教不同年级的学生学同样的历史课程，老师感受到的挑战是不一样的。因为12岁到13岁孩子的智力发育和视野处在一个进阶期。同样的一个教案在初一上挺合适，到初二上学生就会吃不饱。那么，初中历史到底要学生学什么？我们的初中历史不是简单地让学生记住多少历史知识、懂得多少历史概念，而是要让学生形成一种看待历史的眼光，认识历史发展的规律，并且能够借此去推测明天。这样，你再来教历史的时候，你选择案例的时候，或者你选择哪一个阶段历史的时候，初一就可能选“商鞅变法”，初二就可能选“王安石变法”。选择任何案例，都是为了达到我们历史课的教学目标。

我们建设戏剧课排练厅的时候，有些朋友有疑问：“你们又不是正式演出，有必要在戏剧教室里装灯光、音响，还要搞服装、道具和舞台美术吗？”我们说：“一定要有。”我们把体操房变成了有灯光的排练厅，即使每一堂课不是正式演出，也要用到灯光、音响、服装，等等。为什么？这与戏剧课的定位有关系。这个课不单单是为了提高学生的艺术修养，我们更看重的是来自不同的年级的一群孩子，他们在一块儿，共同协商，不断地发生冲突，最后达成共识。戏剧课培养的是他们的协作能力、沟通能力、妥协能力。这就需要把学生分成不同的团队，每位学生要扮演一个角色，每位学生同时还要承担一项剧务——你负责灯光，他负责服装，我负责音响。处在这样的环境当中，培养出的品质才是课程目标所要求的。在戏剧课程里，一个很重要的特征是，每一位学生可能选择了他最擅长、最喜欢的角色或剧务，也有可能是选择了他最不熟悉但希望应对挑战的角色或剧务，无论他们有着怎样的不同，达成的课程目标往往殊途同归。

课程完善需要耐心，需要学会等待。每年9月份开学，我们初一的新生刚到学校，他们由于来自不同的小学，带有不同的文化印迹，许多时候缺少规则意识。挤电梯、丢衣服、在餐厅里不排队，等等，这样的现象常有。最瞧不起初一学生的就是初二学生，9月份、10月份给我发短信最多的是初二学生："校长，教育一下那些小家伙吧，他们太过分了。"我说："你们去年不就是这样的？"不要回避问题。我们完全可以用严格的管理方式让他不敢挤电梯、让他老老实实排队，但是那样速成的办法没有效，一出校门他还会犯。所以，让他们经过一段时间的体验，慢慢引导他们学会不挤电梯；在不排队的过程当中，引导他们学会排队；在丢衣服的过程里，引导他们学会不丢衣服。这个过程会很慢，有时候需要两个月甚至半年，有些学生甚至需要一年、两年。如果我们没有耐心的话，我们就会很焦虑，就特别希望拿过去那些传统的办法把这些问题解决掉，但那不是教育。没有自我体验的教育不会有效果。

近几年，江苏省教育厅在各个学校设立了一大批省级课程基地，这一招很高明。南京市第十三中学就有两个学科课程基地。昨天，我看了学校的语文课程基地和数学课程基地，很受启发。老师在这个省级课程基地里，自身定位会很高。所以，我们在设计一个课程的时候，一定要有更高的期待。像我们十一学校的一个社团，它的目标是培养商界领袖，社长叫袁晔，上周正好跟我共进午餐，说他们去年挣了16000块钱——就是做一个玩具，校服熊，一个卖50块。我说："你们太狠了，利润太高了，你们不怕别人跟你们竞争吗？”他说：“您说的这个事儿，我们早就想到了，我们和厂家签了独家协议，只给我们做。”他跟我商量要在学校里设一个奖学金，用挣来的钱专门奖励学校里那些还处于成长期的学生社团。

《北京市十一学校行动纲要》还提出了“加强高端课程与自主招生课程、竞赛课程与大学先修课程的整合研究”。这也是我们正在进行的一件事。随着高考试题的难度越来越低，一些名校录取学生时，开始更多看自主招生的成绩、竞赛的成绩和大学先修课程的成绩。但是，这三个课程跟我们过去的数学Ⅲ、数学Ⅳ、数学Ⅴ，物理Ⅲ、物理Ⅳ、物理Ⅴ高度重复，这就成为我们要认真研究的一个课题。

为吃不饱的学生寻找空间。现在，即使到了数学Ⅴ，还有学生吃不饱，我们却没法建立一个数学Ⅵ，因为同样在数学Ⅴ里吃不饱的学生，他们各自的需求已经完全不一样了。于是，我们就开发了一个自主研修的课程，每一位学生在这里面都有不一样的学习方案。像语文、英语这些学科，你怎么上，都有学生吃不饱。所以，每一个年级都有二三十位学生，他们每一位都有自己的自主课程方案。他们不再上语文课、英语课，而是由老师和他们一块儿制定专属的个性化学习方案，定期为他们提供学习资源，然后进行监督就可以了。

为不断发现的兴趣提供土壤。在十一学校里，我们有近20个技术课程，但我们发现仍然无法满足所有学生。9月我们将新增加工业设计、3D打印和大数据三个技术课程。还有体育，尽管我们已经有了22个模块、30多个体育课程，新学期我们还将增加皮划艇、独轮车、轮滑、攀岩、射箭、飞盘等课程。要创造条件寻找资源，像游泳馆的深水区，就可以借此开皮划艇课；把校内的某一条校路暂时封闭，就可以成为独轮车的训练基地。我们把图书馆的一堵墙略加改造，就可以上攀岩课。飞盘课就几乎不需要什么条件。

为有特殊需求的学生“私人订制”课程。我们为那些身体特殊的学生，开了一种休闲式体育课。他们可能一段时间里身体不好，或者心脏有点问题。我们为一位正在写一部中篇小说的学生，开了一门专属于她一个人的写作指导课。我们有个学生已经收到了美国顶尖音乐学院的录取通知书，他整个下午都需要待在录音棚里。于是，我们为他制订了一个特殊的课表，我们帮他把所有课程整合起来，协助他管理学习，提供实践和分享的平台。为什么要这么做？因为我们知道，未来需要这些有着不同特质的学生，在他们身上我们常常看到创造的光芒。没有这些人，我们这个社会不会那么丰富多彩。没有那些数学考低分的人，或许我们就会失去很多文学大师、艺术大家。我们不要一边在享受这些，一边又在扼杀这样一些人才。没有个性就没有创造性。

二、课堂改进

结构决定性质。许多时候，“头痛医头，脚痛医脚”是我们的工作常态，但却不会有效果。譬如，课堂教学改革、因材施教、个别化教育，我们讲了多少年了，搞了多少运动式改革，为什么没有效果？根本上是因为没有从结构上动刀，虽然做了很多工作，到时候又反弹回去了。

结构也决定着结果。一个禁止不了开会的组织，总是在以开会来制止开会。我听说，有地方要开一个减少会议的紧急会议，并且要求必须是一把手参加，不能请假。这样的事情似乎很好，但不改变组织结构，谁也减不了会议。一所事事都有小道消息的学校，肯定是沟通机制有问题。一个缺乏协作能力的学校，肯定没有一个好的联络机制。一所缺少课程技术含量的学校，就很可能没有学校的“头脑”，没有技术结构。

所以，我们就研究怎么样使我们提倡的价值观能够一直走下去，不再让旧的做法“复辟”。在《北京市十一学校行动纲要》关于“个别化”的内容里面，我们提出了研究 24 个人的教学班怎么进行课堂改进的问题。现在，我们的教学班已经成为不超过 24 个人了，如果我们还像过去那样讲课有意义吗？

今天，当我们把班额降下来的时候，怎么样在新的课程框架下、在选课走班的学生学习程度不相上下的情况下、在没有行政力量的状态下、在 24 个学生以下小班的情况下来改进课堂？过去，在 36 名学生的状态下，教生物课的王春易老师做了大量探索，她把学生分成了不同的类型、在教室里划分了不同的区域，但她一个人确实忙不过来，于是就有了不同的学习方式，甚至还产生了一个一年不上生物课，但生物成绩却考得最好的学生。

在新一轮的课堂改进期里，我们可不可以给教室分区？这边是讨论区，那边是自主学习区；这边是同伴互动区，这边是教师辅导区，在那边可以上网查找资料。学生能不能再分类？尽管通过分层分类，在同一个课程里，他们的水平已经差不多了，但我们有没有可能按照不同的学法，把他们再分类？

初中的老师还开发了一门叫作“卡包式”的座位方式（见图 3–1）。这种座位方式有几个优点：一、组员相对集中，易形成团队意识；二、组与组之间的互相干扰性大大降低；三、既便于两人讨论，又便于四人交流，讨论、交流更加方便；四、每组学生有三人面对黑板，在学生和教师精讲疑问时，只需要一个学生侧身即可，更加便利；五、当课堂需要摆成秧田式时，改变起来非常迅速。针对“卡包式”的座位安排，在我们做的调查问卷中，有 80% 的学生感到“非常满意”和“比较满意”。

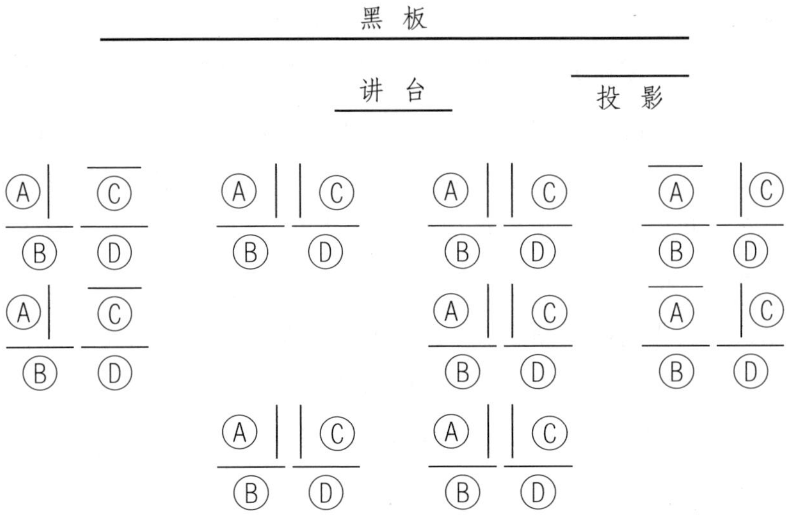

图 3-1：卡包式座位方式

一位数学老师把教室分成了靠门、靠窗、中间三个区域，分别是自主合作区、展示分享区和个别辅导区。

还有一位英语老师，他不仅仅把教室的座位分区，还把课堂的学习资源进行了打包，使不同区域的学生有不同的资源来帮助他们学习。

我们还有一个“任务分层”的策略，就是针对不同的学生，提供不一样的任务。这是很重要的。我们的学生在考试成绩上尽管可能都是80分，但是同样考80分却是不一样的，有的更多的是靠勤奋获取了80分，有的更多的是靠聪明获取了80分，如此，训练的内容就应该不一样了。我们学校的一位语文老师在上课的时候，在黑板上写下A小组的学生干什么、B小组的干什么。这一堂课的学生走了也不用擦黑板，下一堂课的学生来了仍然可以看。学生按照要求去完成他们各自的任务。老师呢，这样就有精力去照顾不同的学生了。我们学校高二的一位英语老师，他采用的是任务书的方式——就是分层次下达任务书，让不同的学生接到不同的任务书。我们学校潘老师负责的数学Ⅴ就更不得了了。在数学Ⅴ里，他又分成5个不同层次。他把12位学生分成了5个层次，其中5A这个层次只有一位学生，这位学生要做跟那11位学生完全不一样的任务。这些学生有目标引领、反馈、个别化的课时，等等。

语文课呢，老师在学生助教的帮助下，安排了不同的专项答疑。有位语文老师和学生一起生活，根据学生阅读的基础和生活经历，给不同的学生推荐不同的阅读方案。

三、自主空间

自主一定要在自由的空间里才能学会。你必须先把学生放开，让他有了自由，他才有可能慢慢学会自主和自律。这就需要我们把过去的管理方式提升为领导方式。有关管理和领导的区别，大家可以认真读一读詹姆斯·M·库泽斯《领导力：如何在组织中成就卓越》这本书。

“领导”有三个境界。传统意义上的“领导”是：我管了很多人，而且把他们管得规规矩矩。这是“领导”的第一个境界。有些人不喜欢这种低水平的管理方式，而是希望通过描绘愿景和激励，让自己拥有众多的追随者。事实上，这才刚刚到了“领导”的第二个境界。真正的“领导”应该是：将你的追随者转化为领导者，使你属下的每一个人都具有领导力。这样你就进入一个更高的境界。但是，要达到这一境界并不容易，为什么？你要经得起这样一种挑战，即马里兰大学前任校长莫特说的那句话：“当校长好比当墓地管理员：下边虽然有很多人，可是却没人听你的。”当你的属下敢于不听你的时候，你的声誉反而会很高。因为是你激发了他们，使他们富有个性，使他们敢于担当。

对十一学校年级管理的结构，一开始我们的老师总是习惯地叫作“分布式管理”，每次我都要告诉他们：“这不是分布式管理，是分布式领导。”（见图 3-2）

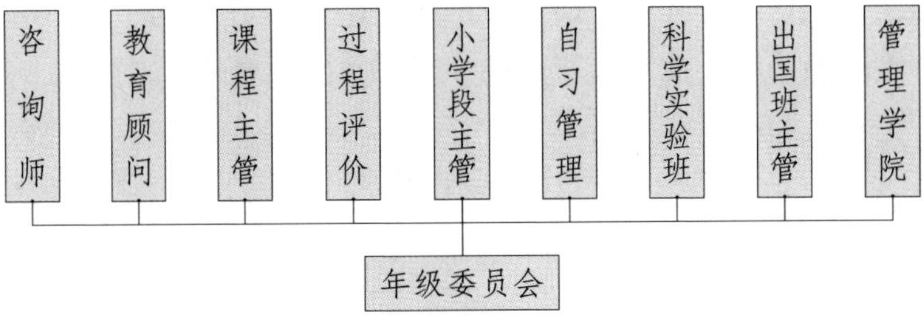

图 3-2：年级分布式领导图式

构建这个结构图的时候，一开始大家总是把年级主任画到上面，其实他应该放到下面，要让“年级主任”成为每一个主管领导的支撑，成为资源的提供者和支持者。我们有一个学校的“大脑”，叫“技术结构”。前段时间，当我们特别重视课程开发的时候，它的名字叫“课程研究院”。后来，线上学习风起云涌，就有了“云校”这样一个“大脑”。当我们希望下属担责的时候，最重要的是要把权力分给下属。这样，他们才会真正形成他们应该有的责任意识，更加重要的是，他们就会想出创造性地解决问题的办法。

在图书馆改造的时候，我们把整个顶层拿出来，改造成为学生社团活动中心。到底该配什么样的家具，在校委会上，围绕买椅子还是买沙发，老师和学生的意见不一致。学生特别希望买一批沙发。我们的干部说：“你们坐椅子多好啊！讨论问题的时候，写东西更方便。”学生说：“老师，我们坐够了椅子，我们想坐沙发。”要给学生自主空间并不容易，需要我们换位思考。

十一学校有一个校服中心，总经理是高二的一位学生。他聘了 20 名家长来做义工售货。校服中心共有 50 多种校服，既便宜又好看，每位学生都可以自己选。这种小事其实并不小，我们凭什么要求孩子一定要穿某件衣服呢?

总体来说，我们希望构建的教育机制能让每一位学生为自己负责，能发现学生可以伟大的地方并让其走在通向伟大的道路上。这并不简单，需要给学生自主的空间，包括时间上的，也包括空间上的。《北京市十一学校行动纲要》里有这样一段话:“任何人不得占用学生的自主时间，对课堂教学以外的时间要确保学生自主安排，确因工作需要，必须通过规范的程序与学生协调，并报学校批准。”看了这段话，大家都会很清楚：教师基本没希望占用学生的时间了！学生对此监管得也很厉害。有一位学生，很有意思，不管哪个年级违反了规定，他都会去找该年级的年级主任约谈，他总是比学生会权益部的动作还要快。

除了教室，学校还必须有若干学生能够自由进出的地方。我们用了很长时间，把十一学校的仓库、会议室和办公室改造成为学生可以自由进出的地方——自习室、答疑区、阅览区、休闲区等。在去年的一年时间里，我们腾出了 5000 多平方米的地方作为学生的公共空间。

要使学生自主，最重要的是让他们拥有自己的学习空间。大家都知道英国的夏山学校。这所学校有一个规定：学生来学校，不一定要进教室。这所学校的校长在他的著作里介绍了这样一位学生：从学前班到高中毕业的 12 年时间里，这位学生从没进过教室。可是，这个孩子最后却成了英国著名的精密机械师。书中还说到一个孩子，一到夏天就喜欢待在树上不下来。这个孩子后来也成了一位著名的雕塑家。你看，他们给学生的自主空间有多大！在美国的道尔顿实验学校里，他们的老师和学生签协议，师生双方协商要做什么、做到什么程度，签完协议后一切由学生自主安排时间、空间，老师就不再干预了。

我们学校有两位文科生准备参加生物竞赛，家长拽住他们：“你们又不参加高考，为什么要拿出那么多精力去学生物，还要参加竞赛？”没有别的什么原因，就是因为喜欢，有一位女生还负责管理一间生物教室。今年正月初一，他们养的兔子要分娩了，他们就到教室里为兔子接生。

在传统的课程体系里，文科生是没法选生物课的，但今天我们却可以实现这个目标。表面上看，他们似乎文理跨界了，其实这个界是我们人为制定的一个不合理的界。对每一位学生来说，他一点儿界都没跨，课程学习的选择本来就应该是这样的。我希望有一天我们能够打破这个“界”，使学生能够充分按照自己的潜能去发展。现在，我们的高考制度正在进行改革，我们还是呼吁给孩子提供更多的选择。比如说，对“不分文理科”，我现在就非常焦虑。很多专家把这点理解为所有的学科都要学——可是谁能把所有的学科都学好、都考好呢？其实，我们可以在这句话前面加上两个字，叫“考试不分文理科”。过去，我们人为地把物理、化学、生物称为理科，把历史、地理、政治绑在一块儿作为文科。现在，我们把它们拆开，至于选哪三科考，由学生自己决定。学生可以选生物、选历史、选地理，或者选物理，谁知道生物和历史一结合会出现什么了不起的结果呢？

很多朋友到十一学校来参观的时候，觉得学校太自由了，学生爱干什么就干什么，老师上班也不考勤，备不备课都可以。但是，这背后肯定要有收得住的机制。

我举一个例子：学科课程标准细目。现在，我们的课程标准是根据过去的教学大纲改造而成的，与真正的标准差距很大。比如说，话筒的长短标准是 30 厘米到 3 米，这能叫标准吗？于是，我们在每一个学科标准的基础上实行细化，制订出课程标准细目。

过去，我们基本上把语文能力分为“识记与理解、分析与综合、鉴赏与评价”，但这样的层级划分是很难适应教学的，所以我们就往深处做：同一个内容在不同章节里出现，而每一次出现时都有相应的、具体的标准，方便学生螺旋式地学习，从而实现教学目标。这样，学生就可以借助细目自学教材，借助细目查找问题，借助细目拓展、延伸，借助细目自我诊断，借助细目接受老师检测……有了细目，你就能发现哪个地方被忽略了，哪个地方必须引起高度重视。

但是，困惑也来了：学生几乎没有共性的问题。怎么办？改造课堂教学流程，把过去老师习惯于单一去做的事情变成多样的各种不同的做法。在细目的指导下，连每位学生所做的知识梳理结构图也全都不一样了，全都具有个性了。

还有很多朋友问我这样一个问题："你们的学校开那么多课，有学科课程，有活动课程，学校怎么平衡学科和活动间的关系呢？"这是一个很好的问题。学校没法去平衡，我们只能引导每一位学生自己学会平衡。因为每一位学生面对的挑战都是不一样的，他们需要平衡的事情各不相同，一所学校也就不可能有统一的平衡能力的培养。要让学生在平衡中学会平衡。平衡能力是一种基本能力，一旦带到社会上去，就是一种了不起的能力。

四、从参加到参与：每一个人的活动

在传统的学校里，我们是组织活动的高手。但是，我们常常忘了为什么要组织活动，甚至组织了许多连自己都不喜欢的活动。于是，我们开始改造活动。在许多大型活动中，为什么大家普遍喜欢狂欢节？因为在狂欢节上大家都可以"乱来"，没什么具体规定，每一个人都可以参与其中。记得德国有一个有关西红柿的狂欢节——大家弄来几十吨西红柿互相扔，互相砸。这个活动非常有意思，因为大家都在参与。在唱国歌的仪式中，美国人往往会有一个肢体动作，比如用手捂着心脏位置；我们则有注目礼，这也说明你在参与。我觉得这些做法很值得我们研究，所有的努力都在实现一个价值——“参与”。所以，关注每一个人的参与，是活动策划的永恒主题。

在十一学校的迎新会上，我们都是一个一个地介绍老师；在学生的成人礼上，我们是一个一个地给学生行拍肩礼；在学生毕业时，我们也是一个一个地给学生发毕业证书。

另外，我们最大限度地减少统一的活动，努力使常规活动做到个别化，因为只有这样才能使学生更好地参与。

我们有很多学生办的“校刊”，都是不统一的，虽然学校成立了一个媒体出版中心专门来管理学生媒体。“校长有约”“家长有约”“学长有约”，这些活动也是小范围的、个别化的。

即使是教师的专业成长课程，在十一学校也是选择性的。我们推出了一系列课程，让老师们根据需要去选择。在大课间活动中，我们也没有统一的跑步、统一的做操，但是我们会有很多学科老师去带体育课，比如说，技术课老师带轮滑课、数学老师带武术课、英语老师带游戏课。各年级的活动也丰富多彩，学生可以自己选择。

现在，学生无比喜爱的十一学校运动会没有了，“奥林匹克”运动会、城市运动会、“世界民族”运动会，也都没有了。为什么？因为我们追求的就是个别化，这些都被融进了“体育季”——在两个月左右的时间里，学校每天下午都有体育比赛，你喜欢什么就报什么，你选择什么就参与什么。我们希望孩子们在没有别人鼓掌的时候，学会为自己奔跑。

五、在诊断中调适

课程诊断

正像我开始说的那样，我们的自我感觉一直不好，我们需要不断反思。2014 年教育部在十一学校举行新闻发布会，标志着对我们的认可。于是，我们也将这一年确定为学校的“反思年”，就是找毛病、找问题的一年。孔雀开屏的时候，一定会露出屁股。这时候，站在后面的人会非常惊讶地说：“屁股，屁股！”这时，你一定要从容淡定，说：“是的，那就是我们的屁股。”它甚至比漂亮的羽毛更加重要。但是，你一定要看看你的屁股是不是干净。怎么看？就是照镜子。

这个“镜子”就是个别化的诊断与评价机制。在十一学校里，我们有一个“诊断与评价中心”，还有一个专家层面的“诊断与评价委员会”，天天研究找问题，找出我们的盲点。

通过诊断，我们让课程变得更加适合每一位学生。去年，通过调查，“狂欢节”“泼水节”和“戏剧节”等入选“学生喜欢的十大活动”。但是，把来自男生和女生的数据分开，然后进行比较，我们就发现了一个情况，那就是对“戏剧节”的好感，女生排在第五位，男生排在第八位。这是为什么？原来我们在选剧种的时候，给了女生更多的机会。于是，我们正在思考把剧种重新调整一下，创造更多阳刚的、适合男生表现的机会。

2010 年，在“我最喜欢的学科”的调查结果中，语文、物理、化学、英语这些学科排在了前列。但是，三年后，在去年的调查中，一些小学科排到了最前面。为什么？因为这些学科的学科教室里的资源非常丰富，让学生感到学习很有意思。这就引发了我们对语文、数学和外语等学科的重新思考。

2010年，我们做了一个关于“学校目前的课程和学生未来需求的密切程度”的调查，结果，只有32.2%的学生认为现在学的东西跟未来“有关系”，45.9%的学生认为“有些关系”，但还有20.1%的学生认为“没有关系”。这就是很大的问题了。如果学生认为现在学的东西跟未来没有关系，那么他们就会没有内动力。仅仅靠压力去学习，是不可持续的。

这样的诊断结果激发我们去改进。潘国双老师在教三角函数时，学生问他：“为什么要学三角函数？学了三角函数有什么用？”他想起了自己上中学时与老师的对话。他问：“为什么要学三角函数呢？”老师告诉他：“因为考试要考。”他说：“学了三角函数有什么用呢？”老师又告诉他：“学了可以应付考试。”他有点儿生气，说：“我觉得学这个东西对以后没有什么用。”于是，老师就火了，说：“你爱学不学！”基于这样的一种经历，潘老师觉得有责任帮助学生解决这个问题。在讲三角函数的时候，他用了“弹簧作用下小球的振动”这个例子，并用坐标系来表示其结果。其他如日出日落、月缺月圆、春夏秋冬、潮起潮落、元素周期表、生理现象、心脏收缩和舒张等涉及物理、化学、天文学、地理学、生理学、医学的知识，全都跟函数有关系。

为什么要学三角函数？不仅是为了考试，也是为了生活、为了工作。这样，学生就比较愿意为学习这些内容而付出努力了。这些年，我感觉在这点上我们有了一些进步。去年（2013年）进行的调查结果显示，对上面那个问题（“学校目前的课程和学生未来需求的密切程度”），表示“比较不同意”的学生比例从20.1%降到了7.8%；“完全同意”的从32.2%提高到了48.3%。这是一个令人欣慰的结果。

生态诊断：让教育自由呼吸

要让教育自由呼吸，除了课程诊断之外，还要有生态诊断。1996 年，我在山东省高密一中做校长的时候遇到这样一件事：由于学校做出了一点儿成绩，结果引来了大量的参观者和考察者，很多领导也来视察工作。但是，学校发展得太快，到处是漏洞，到处是问题，特别是卫生工作做得很不好。来视察的市领导就说："你们学校不仅代表一中，还代表全市的精神文明风貌。从外地来了这么多参观、考察的客人，你们一定要让客人留下好的印象，而第一印象的关键就是环境卫生。"于是，我们就把过去一天检查一次卫生，改为每天检查四次卫生——早饭后一次、课间操时一次、中午一次、课外活动时一次。制度一改，校园的环境马上焕然一新。

正当我沾沾自喜的时候，我收到了一封学生来信。这位学生在来信中说："校长，现在学校一天检查四次卫生，我们班的卫生区就是学校的主校路，两边栽的都是法国梧桐。正值秋天，风一吹，树叶就落下来了。你早晨打扫得再干净，风一吹就落一大片，落一片扣一分、落两片扣两分。"他说，"校长，你别看我们在上课，其实我们心里惦记着校路，眼角瞄着窗外是不是在刮风。学校为何制定这样的制度？校园里有片落叶怕什么？"我想，可不是吗？怕什么呢？此后，我心里一直放不下这件事。2004 年，我到了瑞典的首都斯德哥尔摩，结果发现大街上全是落叶，把整个路都盖起来了。我就问他们："你们怎么不扫一扫？"他们像没事儿似的说："我们没有环卫工人。刮就刮吧，那不也是一道风景吗？"

当然，高密一中的卫生检查制度没过多久就取消了，学生每天揪着的心也放下了。让学生在校园里自由呼吸的生态需要我们一点儿一点儿去营造。

那么，怎么让孩子有一个好的校园生态呢？现在的十一学校有一个生态诊断。为了判断年级的生态，我们会设置一些问题让学生来回答。比如，学生会说“在我们年级，选课走班后我有了更多的朋友”，或者“在我们年级，我能够及时获得老师的肯定和帮助”。当然，不同的年级有不同的生态标准。但如果到了高中，学生还没有朋友，那就是个很大的问题了，说明年级里沟通与交往有问题。

在进行年级生态诊断的过程中，我们希望学生能用一些词语来描述他们现在的状态。我们从中可以看出，学生还是挺快乐、挺开心的。但他们也有压力，而且这个压力和过去那个压力的排序并不一样。经过认真研究，我们发现这些压力背后的原因也不一样。初一学生有压力，是因为他的新朋友们没有肯定他，他自己还没有建立起一个新的小圈子；初二学生的压力则来自家长，家长们希望孩子能有更好的表现；高二学生的压力，基本上来自他们自身，因为他们对自身提出了很高的要求。所以说，同样是压力，内涵其实是很不一样的。

过程评价：在“放”的背景下学会“收”

中西方教育的区别有许多，但有一点很重要，西方孩子的学习更多的是来自内动力，而中国孩子的学习更多的是来自考试和家长的外部压力。如果再来看教学管理措施，中西方最大的区别会在哪里呢？那就是他们学会了“放”，但有一个很重要的东西一直存在，即过程评价。在西方，即便研究生的课堂，每一位学生在每堂课上的表现也要被评价。所以，过程评价和学生的关系，就像风筝和线的关系，它始终把学生揽在你身边，同时又给予学生很大的空间。过程评价评什么，要根据每个学科的自身特点来确定，也要考虑不同年级的不同要求。也就是说，在学不同内容的时候，可以自主设定不同的评价领域和权重。比如，同样是语文学科，“鲁迅专题研究”就更加重视精神状态、研讨反馈和创编；数学学科比较重视研究性学习；英语学科比较重视口语和朗读；物理学科比较重视实验和探究；生物学科比较重视相互合作、问题和实验；历史学科比较重视提出问题、合作学习和读书心得。

同一个学科，在学到不同章节的时候，老师们设计的评价领域也是不一样的。比如，生物学科在学“细胞的结构”这一内容的时候，阅读和实验的评价内容各占20%，但在学“生物的进化”的时候，这两部分的评价内容就没有了，因为学生已经有了一定的基础。评价的内容可以根据具体情况加以改变，但必须提前向学生公布。个性化的评价能激励学生、帮助学生找到自己发展的新方向。所以，很多老师正不遗余力地努力做到在评价过程中跟学生有非常好的互动和沟通。

教学诊断：让教师在反思中成长

十一学校不检查备课，不检查作业批改，不检查老师的各项工作。但是，我们会通过一些诊断，帮助老师们认清自己，不断进步。

下面这10项指标，每个学期我们都通过第三方机构在学生中进行一次全面的调查，并将分析结果告知每一位老师，以帮助老师改进工作。

1. 我觉得老师风趣、幽默，平易近人，亦师亦友。
2. 我觉得老师讲课清晰，语言精练，精神饱满。
3. 我学到了很多分析问题的方法。
4. 我觉得作业适中，批改及时、认真。
5. 老师善于发现我的优点，及时鼓励，增强了我的学习信心。
6. 老师注意及时发现我的缺点，予以批评、指正。
7. 课下我能及时得到老师的指导和帮助。

8. 老师的人格魅力影响了我。

9. 老师教我如何做人、做事。

10. 在课堂上，我收获大，学习效果好。

特别需要注意的是，这10项指标的调查结果不得合并，更不得合并一个总分后给老师排序。那样只能甄别老师，而无法促进老师成长。只有分项告诉老师，他们才会知道自己的优势和不足。另外，不要在选择项上设置“差”，只有“优”“良”“一般”，这不仅是因为我们认为十一学校没有“差”的老师，而且从教育的角度说，我们也不想引导学生养成从小“盯脚后跟”的习惯。

学生诊断：让他们发现并成为自我

在学生诊断中，既有学业成绩，也包括综合素养等指标，通过对各种数据的分析，让每位学生明确自己的优势和短板，找到新的努力方向。

今天，我向各位汇报了北京十一学校目前“走向个别化”的一些初步探索。有些老师问我：“个别化之后是什么？”个别化只是教育当中的一项初步工作，我们的最终目标是实现学生的“个性化学习”。也就是说，只有当我们让学生发现自我、成为自我，拥有独立的人格和独立的思想的时候，我们才能找到教育的本质。十一学校走到今天，还不敢提个性化学习，因为我们还没有做到。我们要通过教师很长时间进行的个别化教育历程，才能让学生慢慢生发出个性化学习的光芒。

谢谢大家！

2014年4月·南京

| 第四讲 |

寻 找

近两年，有不少朋友不断问我一个问题：你们十一学校育人模式改革的核心要素到底是什么？说实话，我们这次改革的核心要素只有两样东西：一个是保障学生中心的治理结构，一个是可供学生选择的课程体系。但是我们用了很长、很长的时间才找到这两样东西。既有我在山东省高密四中、高密一中、高密市教委、潍坊市教育局、教育部基础教育质量监测中心的同事们的共同寻找的痕迹，也有北京市十一学校建校60多年来一代又一代领导和老师们共同寻找的努力。

今天，我想回到过去那个年代，跟各位汇报一下我们共同寻找的历程。

一、保障学生中心的治理结构

首先，我想说说保障学生中心的治理结构是怎么来的。1990年，我刚过30岁，领导就安排我做高密四中的校长。现在回想起来真是后怕，我从一个毛头小伙子变成一所学校的校长，做了很多傻事，犯了很多错误。但是，我始终坚持一个想法，就是希望把四中这所学校建成一个家。在管理学校的过程中，我投入了大量精力和情感，每天睡不了几个小时，为老师们排忧。比如说，老师家里要收割麦子时，我就会帮他们一起去割麦子；谁家农耕遇到困难了，我也会请他所在乡镇的拖拉机站去帮忙。后来我发现，仅仅把一所学校变成一个家是远远不够的，甚至是有问题的。当家里有八个成员的时候，作为家长，你怎么去分两个水果？如果一个是苹果、一个是猕猴桃，你怎么切、怎么分？这些问题让我非常纠结，特别是在你没有完善的制度、没有好的治理结构的时候。

那个时候，学校订了《人民教育》《北京教育》《上海教育》等杂志。我发现，北京的教育在那个时候特别活跃，后来我才知道，当时的教育局局长是陶西平先生，在他的推动下，整个北京市的“四制改革”如火如荼。在《人民教育》梁伟国老师的联系下，我们去了北京两所名校考察。“四制改革”的核心内容就是校长负责制、教师聘任制、岗位目标责任制和结构工资制。1992 年的时候，还没有法律来保障校长负责制和教师聘任制，只是有些地方做了试点，有些地方下了文件。在北京的两所学校里，我们学到了许多，但他们都善意地提醒我们，“四制”改革很好，但是只能搞“三制”，结构工资制你不要动，如果你动了，老师们会和你拼命的。回到高密，我想啊想，一直想不清楚：如果结构工资不敢动，动别的又有什么意义？我聘你教五个班的数学课，我非常重用你，但对不起，工资和教一个班的一样。这种聘任制有用吗？

在那个年代，要在一所基层的学校里推进这样一项改革实在是太难了，可以说是“万事不具备，只是有点风”。什么风？就是有人做了，北京做了。后来我才明白，在中国，当有些看上去很好的事情推不动的时候就要进行试点。这是邓小平给我们提供的中国国情下的宝贵财富。

大家都觉得不可能、觉得没办法、觉得困难重重、不好商量的时候，你就说“我们做个试点吧”。我隐隐约约预感到上级领导会同意，所以就找了县教委主任和县委组织部部长，他们都同意搞试点，但是要确保稳妥。于是，在1993年的高密四中，校长负责制、教师聘任制、结构工资制和岗位目标责任制正式实施了。当时，我们对改革目标的认识并不全面，只是满腔热血，希望通过这样的改革创造一个理想的学校管理机制，让能者上，庸者下。虽然这场改革调动了广大教师的积极性，也解决了很多问题，但是也留下了很多遗憾。当时学校确定的聘任编制比学校实际人数少了六名，这就注定聘任的结果一定会有六名老师落聘。那个时候，我们确实觉得有些人不称职不适合原有的岗位。但我们没有想到，这些人是在过去传统的体制下工作的。那种体制鼓励平庸，这会导致某些特别聪明的人不去奋发向上。你为什么还没有给人家提供发挥聪明才智的机制和环境，就剥夺了他的机会呢？管理学家有一句话：“当你把一些好人放进一个有缺陷的组织里时，你很快就会看到他们变成了一群相互指责的坏家伙。”有些人落后很多时候不是人的问题，而是机制的问题。我们应该先有一个好的机制，然后再来看一下有没有变化。

这场改革打破了教师岗位分配的大锅饭，但同时也带来了压力，那就是教师职称的升降。这是老师们最在乎的。本来他是一个中学高级教师，结果你把他聘任成中学一级教师，他回家没法交代，跟学生也没法交代，会特别没面子，心里会特别难受。还有，虽然职员岗位实现了双向聘任，但分配制度仍然没有解决。也就是说，干什么岗位还是按照过去的待遇，这种聘任基本上没有多大效果。另外，我前面已经提到，尽管聘任制让学校充满了活力，但如何在一个乡镇的区域里消化那六位落聘人员，是一个巨大的挑战。那时候，高密四中招生的覆盖面是七个乡镇，怎么样才能把这些老师消化到七个乡镇的学校里去？说实话，我们费了很多周折，尽最大努力去帮助这些落聘人员，因为当时靠老师个人的力量找工作确实很困难。

高密四中的改革给了我很多启发，让我一直在思考：一所学校真正的管理结构是什么？

1995 年 7 月，组织上让我担任高密一中的校长——那年我刚过 35 岁。这次人事变动成了整个高密的社会热点，因为一所县城的一中往往是从上到下都关注的地方，是个焦点。大家都不看好这次任命。一个毛头小伙怎么能到藏龙卧虎的一中当校长？第一，他没有在重点学校工作的经历；第二，在农村学校折腾来折腾去的改革，在一中这样一个具有深厚历史文化积淀的学校管用吗？我带着巨大压力，忐忑不安地来到了我十分向往、既没有在这里读过书也没有在这里教过书的高密一中。

来到一中不久，我遇到了一件事。一位资深的数学教师闯到教务处吵架，吵得很凶。后来我才知道，在学校每月一次的备课检查中，他的备课被评为不合格，而负责检查的教务员正好是原来的数学老师，因为不胜任教学转岗做教务员了，领导忙不过来，于是他也就参与检查老师的备课了。这所学校有大量的检查和评价，所有老师的备课本、布置的作业，都要被检查，对班级的评价，也要每个月对班主任公布。我感到这是个机会，在这样一所重点中学里，我们怎样才能卸掉老师身上的枷锁，给老师们释放更多的空间？我看到了工作的切入点。凭着年轻气盛，高密一中的改革在我进入学校的第二个月——就开始了。

高密一中改革的目的和定位充分借鉴了高密四中改革的经验、教训，不仅仅要调动老师们的积极性，激发他们的内在活力，更要促进他们的进步，让他们进入一个新的机制去赛跑，而不是仅仅为了“能者上，庸者下”。

我们在设置高密一中聘任岗位的时候，聘任岗位比实际在编教职工人数多了 3 个。当时大家都很奇怪：“你就 200 位老师，为什么要设置 203 个岗位？”我说：“只要有一位老师愿意在这个体制下工作，他就应该有机会。在新的体制下，如果他还是不能适应，那就另说。”过去的机制和体制都不鼓励他奋发有为，突然间就把他淘汰了，这样做不合适。我们的改革是为了促进每一位老师进步。

另外，我们设置了校内职称，同国家那个职称是脱钩的。我们把国家评定的职称装入档案，只有退休或调离时才恢复，然后按照学校内部新的职称序列重新对号入座。为什么要这样做？就是要解决老师们心理上失衡的问题。现在被聘到校内职称的哪一个级别，与传统的职称无法一一对应了，这样就基本上能够跟别人交代得过去。除此之外，我们还制定了每一个职称的等级标准，引导老师们进行素质提升，引导他们担任班主任。比如说，想要受聘为骨干教师或高级职务教师，就必须在每一学期“我们最爱戴的老师”评选活动中达到一定的票数，这样就引导老师们去改善师生关系，提高自己和学生沟通、交流的能力和水平。再比如，那时候班主任的补贴非常低，很多人找关系、走后门不当班主任。于是，我们就在制订校内聘任级别时引导老师们尽量担任班主任。比如说，要成为一名初级骨干教师，就必须符合六条标准，其中前两条是最重要的，第一条是“要受到绝大多数学生的好评”，“绝大多数学生”就是“70% 以上的学生”；第二条是“正在或者曾经担任班主任”。这些标准让很多毕业三年了还没有担任过班主任的老师认识到，自己必须做班主任。慢慢地，整个学校就形成了一种气候。

第一年聘任职员时出现了一个问题，图书管理员共 4 个岗位，却有 23 个职员报名。第二年，我们根据不同职员岗位的职责要求，根据岗位技术含量、繁重程度和是否需要晚上、节假日值班，确定了不同岗位的不同级别、不同薪酬，通过职员岗位不同的职责要求，引导老师们学会盘算自己到底适合干哪个岗位。

学校也出台了保护老教师的政策和平衡各个年级骨干教师的政策，因为很多老教师过去为学校做出了重大贡献，现在年龄大了，临近退休了，但各年级在进行双向选择的时候都不太愿意接受这些老教师。所以我们就规定，如果某个年级聘任一位老教师，学校就给你这个年级增加一个级别的工资待遇。还有，一个学科十几位数学老师，大家都想聘最好的。于是我们就规定，其中的四个骨干数学老师，每个年级最多聘任两位。这就是给其他年级的聘任留有余地。

在高密四中走了很多弯路的基础上，我们在高密一中做了很多改进，并初步达到了目的——改革调动了广大教职员工的积极性，也给老师们创造了空间。当学校有了可以双向选择的聘任制后，所有的检查和评比都可以取消了，我们没有必要再去检查老师的备课和作业批改情况，没有必要再对他们进行考勤了。改革似乎是成功了，但我们感觉到还是有很多问题：当我们把老师的积极性全部调动起来的时候，以教学为中心的工作便基本得到落地。但是这种以教学为中心、以学科为中心的教学模式和管理模式，搞不好会伤害学生。刚开始的时候，一看到老师的积极性非常高涨，我心里就暗暗高兴。但时间长了我发现，这种走偏的积极性会伤害学生，甚至会异化学校的培养目标。因为大家的积极性很高，都去争时间，去挤压学生的空间了。在很长一段时间里，我的一个重要工作就是每天晚上到办公室去赶老师，不允许他们在学校办公到太晚。如果以学科为中心，我们的眼里就会慢慢地看不到学生。在这样一种老师积极性非常高的生态里，学生没有处在中心，他们的诉求无法得到更多的关注。

所以，如何通过管理结构的调整，而不是通过我们的理念，真正落实以学生为中心的原则，是我苦苦思考的一个问题。

怎么办？

2007 年 10 月 1 日是北京十一学校建校 55 周年纪念日。这一天，我来到了这所学校当校长。两个月后，我们就调整了学校的管理结构，取消了学校的副校长工作分管制，建立了学部制。此时的十一学校储备了一大批优秀管理干部。这批干部能力非常强，经历也非常辉煌。当时学校有七个副校级干部，还有20多个中层干部，都有具体的分管工作。这种分管的体制有一个非常大的好处，那就是职责特别明确，责任特别到位；但同时也有缺陷，就是当大家都特别努力地去工作的时候，学生和老师都受不了，因为每个人都觉得自己的工作最重要。分管教学的，要以教学为中心；分管德育的，就特别重视各种活动；分管科研的，就希望老师天天写随笔。但学生在哪里？

2007年12月，我们在学校实施了学部制，共五个学部：初中学部、高一学部、高二学部、高三学部、国际教育部。学部主任由副校长兼任，请注意，不是分管，是直接担任。也就是说，他对这个学部学生的全面发展情况，对这个学部的教育、教学、科研、人事、财务等全面负责。这一切，都是为了一个一个的学生。

当这种管理机制确立后，学生的诉求就变得五花八门，随时随地产生。这是为什么？因为当我们的校级干部直接面对学生的时候，学生的需求不用经过转接，就可以直接反映到学校的决策层。这个时候我们发现，靠一个脑袋、一种战略、一种思想，靠全校统一的措施，已经没有办法满足这些不同的诉求了，甚至靠这样一种管理机制也不够了，我们必须向一个平衡的学校治理结构去努力。教职工代表大会、校务会、党组织、学术委员会、学代会、家长代表大会各自的权力、利益、责任，都要明确。

现在的十一学校，学术委员会全部由一线老师组成，对教师的职称评定、市区学科带头人的推荐、市区名师工作室的设立和验收、科研项目和经费审批等学术工作，都有最终决定权，校务会不得干预。治理结构中的每一个主体一旦有了自己应有的责权利，他们的工作就会更加接地气，会更加清楚在这个领域里老师和学生的需求是什么，会更加懂得该怎么决策而不受行政力量的影响。当然，这样的决策也更符合学生和老师的需要。

畅销书《21世纪资本论》又一次明确地告诉我们:“教育是服务业。”事实上，我第一次接触这种观点是在2001年我们加入WTO时。关贸总协定的文件中有一个概念，叫“教育是服务业”。那时候，我们心里觉得特别难受。这么崇高的职业，怎么突然间就成了和修鞋的、跑堂的一样了呢？其实，是一样，又不完全一样。我们的工作是赋予一个灵魂、赋予一个生命以成长。这份工作说它崇高没问题，说它高尚也没问题，但它一定是服务，就是服务于学生的成长。如果我们没有服务的心态，我们就不可能使我们的治理结构越来越贴近学生，越来越有利于学生；如果我们不去关注学生的诉求，我们的改革就会离教育的本质越来越远。

二、可供学生选择的课程体系

接下来我想跟各位汇报的是，怎样提供一个可供学生选择的课程体系。还是从我工作的第一站——山东省高密四中说起。高密四中在20世纪80年代末期盖了一幢三层的教学楼，于是开始扩大学校规模，高一年级就多招了两个教学班。可是非常遗憾，在半年的时间里，扩招的那两个班没有语文老师。那时候大学生非常紧缺，高密四中又往乡下委派了教师。于是，这两个班的语文课只好请其他班的老师代课。由于所有的老师都已超负荷工作，所以上课时大多数情况下只能给学生一个学习计划，让他们自主研修。有时候学生烦了，我们就把他们带到图书馆阅览室去读书。一个学期结束，要考试了，我们都捏了一把汗，担心这两个班的考试成绩。但我们没有想到的是，这两个班的成绩不仅一点儿都不差，作文成绩甚至比其他班还要高。语文老师们都很尴尬。这样的结果，给了我们很大的刺激，不得不让我们反思：在语文教学中，我们语文老师到底起了什么作用——我们天天在教室里到底在干什么？

带着这个思考，1995 年我来到了高密一中，期间又发生了一件事。一位考上大学的学生给一位没有考上大学、正在一中复读的同学写信介绍各个学科的学习方法，谈到语文的时候，这位毕业生说了一句话：“语文哪！你可千万别上语文老师的当，语文老师在课上讲的那些东西没用。”他这封信的内容被他的班主任知道了，这位班主任老师回到办公室，当着全校语文老师的面讲了这封信的内容。刚好我也在现场，我发现老师们都没有说话，大家确实被刺痛了，也确实被刺中了，他们不得不承认这位学生讲的有一定道理。就在这一年的期末，我让正在读初一的儿子和正在读初四的侄女参加了当时的高三语文期末考试。结果，高三学生的语文年级平均分是 84.5 分，而我上初一的儿子考了 82 分，上初四的侄女考了 85 分。他们没有的，是老师在课堂内进行的大量讲授和训练；他们有的，是从小时候开始我给他们提供的大量名篇名著的阅读。由此可见，阅读的力量很大。

通过这样一次考试，老师们有了胆量，我发现时机成熟，于是就在这一年春天在高一进行语文教学改革。当时，语文每周有六节课，我们拿出两节课给老师用于完成教材内容，另外四节课让学生到阅览室自主学习。后来，阅览室不够用了，学校又盖了一座 4300 平方米的自修楼。里面不仅有语文自修室，还有其他各个学科的自修室。当时，我正好发现《中国教育大百科全书》里面有一个词条，叫“道尔顿实验室计划”。这是美国一项著名的教育实验，就是学生不上课，全部自修，并按照老师和学生签订的协议去完成每个阶段的学习任务。我们的语文教学改革借鉴了这个思想。但是，这次改革在实施过程中出现了很多问题，为什么？因为我们没有细化的操作方案，也没有像今天这样的课程标准和诊断方式。“道尔顿实验室计划”的核心是签订协议，而恰恰在这一点上，我们又没有认真对待，我们总觉得一位老师跟学生签学习协议有点滑稽。其实，这样的协议无论对学生还是老师都是十分重要的。

今年夏天，我和一些朋友去看崔永元老师的博物馆，其中有一位一年级的小朋友非常喜欢一个50年前的音乐盒，崔老师就说“送给你吧”。这个孩子很高兴，但崔老师话锋一转：“一年之后你必须自己做一个音乐盒送到我的博物馆里。”孩子答应了。崔老师又进一步提要求说：“这件事，我们需要签一个协议。”结果这个孩子犹豫了——他不敢签！口头上说，可以不当真，真要白纸黑字，他知道是来真的。现在我才明白，为什么“道尔顿实验室计划”里老师和学生要签协议了。任何一项改革的核心要素是什么，确实需要我们认识清楚。在高密一中的三年多时间里，我们的教学改革仅仅是在语文学科试水，因为势单力薄，经不起其他学科过多的作业和传统做法的拖累，老师们感觉风险很大。这让我感到，单纯从一个学科进行改革，成功的可能性很小。

1997年底，我兼任高密市教委主任。由于之前18年一直在高中工作，担心会因为不了解情况而做出错误决策，便以担任两个班的助理班主任的方式，深入城区一所初中学校。在我的影响下，学校组织学生进行大量的阅读，并增加了不少选修课。遗憾的是，这种做加法的改革增加了学生的负担，上级有积极性，学生却没有兴趣。

2002年，在潍坊市教育局局长任上，我到潍坊十中进行了一项走班选课的局部改革——在初二物理和初一数学实施分层教学。一年多后，这项改革最终也失败了。因为老师们不赞成这种做法，很多人认为这等于把自己培养出来的优秀学生交给了别人。另一个原因是各种准备工作不配套。这项改革在深处隐藏着一个东西，那就是仅仅想提高这两个学科的成绩。而以提高成绩为目标的改革，眼里没有学生的改革，是很难成功的。

最近这些年十一学校进行的育人模式的改革，尽管还存在着若干问题，但是我们感觉已经走通了，看到了希望的亮光。这是因为，任何改革在启动的时候肯定是要靠老师的，但它最终的成功却必须靠顺应学生的天性。如果不能顺应学生的天性，你就是在和教育规律对着干，就会遇到很大的阻力，即使付出再多，而最终也不一定能成功。

在梳理可供学生选择的课程体系的时候，我们感到，选择的过程必须最终走向对每一位学生学习的顺应。十一学校的学科课程虽然多达265个，但这种课程体系仅仅实现了我们的第一个目标，也就是顺应某一类学生的学习。我们的下一个目标是什么？是让课程适合每一位学生。在《北京市十一学校行动纲要》中，我们把学校的办学目标进一步提升了，过去叫“创造适合学生发展的教育”，今天我们的目标则是“创造适合每一位学生发展的教育”。我们深深知道，靠目前的课程模式，我们还做不到这一点，所以，我们启动了新的战略，叫作“云校战略”，通过线上和线下的O2O模式解决问题，以实现我们的战略目标。

三、“寻找”的方法论

在寻找“保障学生中心的治理结构”“可供学生选择的课程体系”这两条脉络的过程中，有一些方法论，也是在这个过程中慢慢梳理出来的。在这里与大家分享四个方面。

寻找问题背后的问题

问题来自何方？如果一个管理者仅仅靠拍自己脑袋去找问题，找出的这些问题就可能不是真正的问题。我把全国各地的校长朋友问我的问题分成两类：一是“我们学校教师的积极性不高怎么办”，二是“干部的能力不强怎么办”。我想说的是，这两个问题都不是教师的问题，也不是干部的问题，许多是校长的问题，再就是体制和机制的问题。

还是在潍坊市做教育局局长的时候，在一次清华大学的培训班上，我坐在最后一排。有一天，我在课堂上做了一个学员发言数量的统计。我发现，在这个班上，坐在第一排到第二排的有 16 位学员，结果 14 位发过言，和老师对话超过 10 次的有 3 位，超过 8 次的有 4 位，其中两位之间还发生了观点交锋；坐在第三排的有 8 位学员，但只有 4 位发过言；坐在第四排的也有 8 位，只有 2 位发过言；坐在第五排和第六排的学员中没人发言。请注意，这个座位是会务安排的，不是自主选择的；如果是自主选择的，我们会认为坐在前面的往往是思想活跃的。看来座位的安排确实对发言的情况有重大影响。回到潍坊后，我就到一所学校做实验。结果发现，在一天六节课里，学生的发言规律基本和我在清华大学参加培训时调查的结果相似，就是前排的人发言多于后面的人——前排每个人发言的次数平均是 3.09 次，后排的平均是 0.82 次。但是，当我们把发言次数按照教室的左、右两面进行统计的时候，我们发现，右边的学生发言每人平均 2.52 次，左边的平均却只有 1.07 次。这就奇怪了，经过反复研究，我们回到教室里最终发现了“罪魁祸首”——装在教室右边的投影幕。上课时，老师始终在比划着这个投影幕讲课、组织教学，没有顾及左边的学生，这影响了他们发言与互动的欲望。

所以，我们一定要找到问题背后的真正原因，要准确地界定每一个变量。某位校长在他的总结材料里说：“在初三老师们的共同努力下，我们严格推行了 631 课堂教学变革，取得了显著的成效。今年中考升入示范高中的学生比例，比去年提高了 17%。”我想问的是“631 课堂教学变革”真有那么大的能量吗？凭什么我们能证明那 17% 的提升来自它的贡献？如果我们归因不正确，就会影响我们进一步的决策。

很多时候，问题其实是我们自己造成的。我在高密市教委工作的时候，潍坊电视台的一名记者去高密采访，有一天早上匆匆忙忙地赶到高密，非常气愤地跟我讲他那正在上幼儿园儿子的事情。他说，现在是秋天，温度还高得很，可他儿子今天早上却非要戴棉帽子不可。我说："肯定不是孩子的问题，背后一定有原因。"他说："没有原因，也没有问题。"我说："那你晚上回家再了解一下。"第二天他又来了，说："真让你说对了，还真有问题。因为前一天晚上他不睡觉，非要我给他讲故事。我累一天了，口干舌燥，什么话都不想说，我就哄他，说你睡得早的话，我明天早上开车送你到学校。"结果第二天早上一忙，他就忘了这件事，但是孩子记得。那时候私家车很少，坐着车去学校是一件非常值得孩子兴奋的事儿。因为孩子的爸爸特别强势，孩子不敢说，所以只好通过要戴棉帽子（怕冷）来说明他想坐车。你看，如果我们弄不清背后的原因就永远不可能真正解决问题。

1995 年我刚刚到高密一中的时候，下午第一节课时总有很多学生迟到，经过统计发现，大部分迟到的是在学生公寓住宿的学生。后来经过分析，我们发现背后的原因不是学生，而是午休起床时间与上课时间间隔得太短了。学生起床后要洗一把脸的时候，发现洗手间的水龙头太少，要排队，于是，那些排在后面的学生就容易迟到。最后，我们通过增加水龙头的方式杜绝了迟到，而不是靠纪律。还有一个问题是学生乱扔馒头。政教处负责人想开大会让我对学生进行教育，我说："不可以，你们研究研究背后的原因到底是什么。"一调查才知道，馒头太大了，吃一个不饱，两个又吃不了。于是，我们就把馒头做成大小两个品种，并且增加了小的花卷和包子，这样就解决了问题。

在潍坊期间，我曾对全市 50 所高中的午休时间做过一个统计。结果发现，50 所高中的平均午休时间是 87 分钟，最短的学校是一个小时，最长的学校是两个小时。为什么会有这样的差异？校长说"没有为什么，我们一直就这样”。而且，我们还发现了一个很重要的现象，越是午休时间长的学校，下午第一节课迟到的学生越多。对此，老师们、校长们特别接受不了：“我都让你睡两个小时了，你还迟到！”后来我们才知道，如果午休时间过长，学生就容易进入深睡期，你把他叫起来上课就很困难——他不仅容易迟到，第一节课时还会打瞌睡。而且这些学生的晚睡纪律也不好，到了晚上12点，学生还在宿舍里偷偷借着蜡烛、手电学习，因为他们中午都睡够了。因此，解决这些问题的办法是改变午休时间，而不是强化纪律。

在潍坊市教育局工作期间，我们有一个工作月报。其中有一项是有关公务电话费管理的，主要目的不是为了节约电话费，而是想通过一些数据引发我们思考以改进工作方式。2005年6月，我们发现“教师教育科”的电话费最高。一个只有两个人的科室，电话费用竟然比其他科室都高，这引起了我们的注意。经过调查我们发现，在总共492次通话中，通往同一个人的电话就有326次；总共520.06元的电话费里，有403.18元是打向同一个人的。通过访谈，我们了解到这个科的一个小伙子恋爱了。这是我们特别希望看到的事，但是从这个电话费里我们也发现了风险。真正的风险不是花了多少电话费，而是这种谈恋爱的方式：你每天打十几个电话给这个女朋友，而对方却没回过一个电话，什么样的女朋友会有这种耐心？这样的恋爱容易出问题。于是，我们专门找了一个在谈恋爱方面特别“老辣”的高手，去辅导这个小伙子怎么和这个女生保持一种良好的互动和沟通，告诉他有时候要矜持一点。

在学校里，我们一直喜欢说“我们的升学率已经达到99%了”，可是，那1%的学生哪儿去了呢？我们的体育运动会有47%的学生报了项目，参加了比赛，那53%的学生呢？他们的身体素质状况、各项指标是什么情况？他们有没有喜欢的项目？

我们还要确定内在的、真实的逻辑。最近在网上看到一篇老师批改的学生作文，老师对这篇文章的评价是“很有逻辑，文笔不错，只是太夸张”，并打了90分。这篇文章“很有逻辑”吗？“今天走在路上，看见地上有一捆芹菜。捡，还是不捡？捡起来仔细一看还不错，可是又想：有了芹菜就要买肉，买了肉就要有厨房。厨房有了，就必须有一个媳妇来做菜。媳妇一定有娘，又多了一个丈母娘！要娶她姑娘，她一定会开条件：要房、要车、要钱……我恍然大悟，赶紧把芹菜给扔了。现在房价跌得这么厉害，这芹菜肯定是开发商扔的！我的妈呀，差点儿上当！”但是，在我们的生活里，还真是有很多这样的逻辑：一家著名的保险公司在总部大楼里设置了一个1000多平方米的阅览室，购置了大量书刊，说要打造学习型的组织。可是，保险公司的员工都在哪里？全都在外面拉保险啊！谁会坐在公司总部的阅览室里？那不是要下岗吗？

2004年，在某个省的人代会期间，人大代表对高速公路的服务质量提出了批评，于是，省交通厅和高速公路管理局采取了改革措施：决定在每一个收费路口设置专门的礼仪岗，给来往的车辆敬礼，每两个小时换一个人。许多收费闸口因为没人值班而关闭，大量的车堵得不行，却只有一个收费闸口通行，然后却专门有两个人在打敬礼。这样的举措完全没有对症下药，没有弄清真正的问题。

2009年，我特别敬重的魏书生老师请我去盘锦做报告。回来在火车站，车站的工作人员让我们排队上车。车马上就来了，大家都很着急。但是他们就开了一个检票口，一个人检票，三个人在那里维持排队的秩序。你说，如果他们都去检票，谁还会挤？所以说，我们要学会怎么去发现真正的问题。

在美国访问期间，我请美国的一些小学生回答一个问题：“你最喜欢的课堂是什么样的？”比较有代表性的回答是“不断变化、有趣、有用”。这些才是学生喜欢一节课的原因。如果我们不按照这些要素去改造我们的课程，而只是拍脑袋拍出些教学模式来，恐怕会有很大的问题。

寻找力量

寻找力量是管理者重要的责任。因为只靠自己的力量是难以做好工作的。正如意大利诗人卢恰诺·德克雷申说的："我们是只有一只翅膀的天使，只有相互拥抱才能飞翔。"

力量来自市场的竞争

高密四中的食堂改革就是靠寻找市场力量来实现的。那时候，学生、老师对食堂的意见很大。于是，我在担任校长后就把食堂一分为二，两家食堂通过市场的力量来竞争。竞争一段时间后，两家食堂就私下商量，甚至搞价格垄断。后来，我们又从社会上引进一些个体户来卖饭，这样他们就商量不起来了，每家都专心提高饭菜质量。这时候，我刚刚明白，必须靠市场的力量才能解决学校的问题。

力量来自党政的兴奋点

潍坊的教育督导在全国很有影响，也有力地撬动了全市教育的发展。开始启动这项工作的时候，我首先和市委组织部部长一次一次探讨如何为潍坊市打造一张教育名片。后来，市委组织部就和市教育局一起下发了一个文件，要求每年对县、市（区）的教育工作情况进行督导，并纳入对县、市（区）党政领导一把手考察的范围。这么做挺管用，因为每年检查的结果会在人代会开幕当天的党报上公布。同时，我们还专门给市委书记和市委组织部写一个报告，写上考核优秀的县、市（区）以及这些地区的书记、市长、分管书记、分管市长等；考核良好的以及考核仅仅达到合格的，也同时写在报告里。这样，重视教育就自然会成为各县、市（区）领导的兴奋点。

力量来自人性的需要

媒体是管理者的“小金库”，但是你自己不要去“消费”。所以，在十一学校建校 60 周年活动中，我们让老师的名字出现在重要的媒体上，因为每一个人都有被尊重的人性的基本需求。

力量来自参与感

在很多场合，都会有校长和局长问我：“如果让你重新做教育局局长，你会在一个区域内推行选课走班吗？”首先，我不太同意“推行”这个提法；其次，我认为推行选课走班这种教学模式不是局长应该做的事情。

局长要做的事情是什么呢？教育局局长要做的，就是给学校创造空间，给教育加大投入，给教师增加待遇和荣誉。这些实现了，你还怕校长没有积极性吗？所以，你不要去“推行”，你要做的是协商。在潍坊市，我们跟学校建立的关系叫作“协商式管理”。督导室和学校经过协商，形成每所学校、每个年级各不相同的评估数据，我们称为协商式评估。

十一学校政治学科主任刘梅老师跟本学科的各位老师协商。老师打算在哪个方面进行改变，他们一起协商出一个目标来。有了协商式管理，也就有了个性化督导。

十一学校有很多项目，每一个项目都会产生一批教师领袖。为什么？因为力量来自参与感。任何事情要成功，必须让其中的主体积极参与。通过协商，我们每一个人都能够积极参与。

我的小孙女在一岁多的时候，特别不愿意换尿不湿。后来，我爱人每次在小孙女需要换尿不湿的时候就跟她协商，说：“你需要换尿布了，你能不能去给奶奶找一块尿布呢？”于是，小孙女就非常高兴地去找尿布，找到后给她奶奶，让她给换上。因为她参与了换尿布的过程，所以会有成就感。还有一个例子就是喝药。对一个一岁多的孩子来说，吃药是很难的一件事，于是，她奶奶又想出了一个办法——让她取喝药的勺子。孩子自己把勺子拿过来了，就会特别高兴，尽管在喝的时候苦得嘴一咧一咧的。你看，力量是不是来自参与感？

寻找资源

寻找资源要挖地三尺

我在高密四中教语文的时候，学校没有可用于阅读的书，于是，我就找到我那些喜欢文学的朋友，把他们过期的《人民文学》《小说月报》《散文》等杂志用自行车驮到学校。我又从供销社要了一些装农药的箱子当书箱，放到教室里。寻找资源，就必须这样挖地三尺。

北京的亦庄实验小学有一条“沙道”——拉了几车沙子放在学校的一条道路上。玩沙子，成了学生最喜欢的课程。

我到瑞典去看过一所学校，据说这是瑞典最好的高中。校长办公室既是一个接待室，同时也是学校图书馆工具书的藏书室。老师、学生要借工具书都得上校长办公室。校长说：“这增加了我和老师、学生接触的机会。”其实，起因是因为校舍紧张。把校长办公室赋予更多的功能，却收到了意想不到的效果。

英国伊顿公学把学生宿舍楼的外墙略加改造后用于学生攀岩。

寻找资源需要眼睛向外

美国牛顿市教育局局长的办公室，成了各个学校都想争取的资源，各个学校都想把学生作品挂到局长的办公室里，从而让学生得到鼓励。还有哪些学校院墙之外的资源可以为我所用呢？这里面应该可以大有可为。

资源需要集约利用

有一次，我随山东省教育代表团去英国考察一所学校，到了那所学校，校长说："对不起，我们现在还没有地方坐。今天本来计划在图书馆里接待客人，但是学生正在用。"于是，校长就在楼梯口接待了我们这个规格较高的代表团。后来，他们说："现在行了，学生下课了。"于是，让我们到图书馆去坐一会儿，可是刚坐下一会儿又说："又不行了，你们得离开。"这所学校餐厅的桌子也跟我们的不一样：下面装有轮子，吃完饭后马上可以推到边上，然后餐厅就成了一个进行体育活动的场所。

合理配置资源

合理配置资源也是校长的任务。前两天，我在微信朋友圈里发现了这样一张照片，内容是"1945 年，上海贫困家庭靠吃阳澄湖大闸蟹度日"。我的祖先本来在海边，在山东昌邑下营港。我曾经追问过我爷爷："我们为什么到了高密？"他说："你不知道，我们祖先在海边吃够了螃蟹，吃的那个虾就像猫一样大，天天吃，吃得浑身浮肿。"资源如果不能合理配置，再好的东西也会有问题。

2004年，我到中部某省份的一所小学去督导。为了迎接我们这个督导团，学校做了21个不锈钢的宣传牌匾。可是，当我问学校有没有《中国教师报》的时候，他们说“订不起”。阅览室里有造型各异的豪华沙发和阅览桌，但只有100多本图书。十几亩地的校园里，竟然还有一间100多平方米的校史展览室，平时谁都不让进。校园里仅有的三个篮球架都是给成人用的，小孩子用不了。

潍柴动力是全球最大的柴油机厂，我曾在它的新工业园区的平面图前看了很长时间。当时，老总问我：“你看出了什么？”我说：“我看出了你资源配置的一个思路。”他在42万平方米的园区里只建了1万平方米的成品库。老总说：“我不能把我的产品放在仓库里。我要用更多的资金构建销售渠道，打造营销团队。”

发挥优势

每个人一定要懂得自己不需要什么，此外，我们还要发挥自己的优势。我看过很多农村学校，但非常遗憾，我们很难发现能充分利用农村优势的学校。我觉得农村学校有很多优势，其中有一个特别容易利用，那就是校园面积大和校外空地多。我们能不能充分利用校内和校外的场所实现体育项目的多样化？爬树的爬树，轮滑的轮滑，跳绳的跳绳……可惜，许多农村学校不但不利用这个优势，反而把学生集中起来，定期搞一些学生很反感的活动。

冲破束缚

我在很多场合都推荐过厦门大学的爬树课，但是我周边的绝大多数人都会问：“出了问题怎么办？”爬树课会出什么问题？有可能从树上掉下来。那我们就可以借鉴攀岩的模式，借鉴蜘蛛人擦玻璃的方式，上面吊一根绳子挂在树杈上。还有什么问题？有可能擦破皮肉。那就提前准备一点创可贴。我想，我们就是要解决这些问题。

改换思路

十一学校学生体育课选的最多的是羽毛球。开始的时候，体育老师和学校很纠结，因为即使把学校的全部空间都建成羽毛球馆也满足不了他们的需求。为什么选羽毛球的学生会这么多？通过调研我们发现，大部分学生选羽毛球课，是因为门槛低，水平高低都可以打；从另一面看，其实就是一般人如果没有外力推动，都喜欢没有太大挑战的活动。我们要做的不是增加羽毛球的场地，而是要反过来看这件事，想想该怎样才能让学生参加有挑战的运动，比如攀岩、棒球、橄榄球等。

寻找同道

很多同行一直在问我这样一个问题：“你们在进行这场课程改革的时候，是怎么给老师‘洗脑’的？”我一听就害怕：“你怎么能给别人洗脑呢？你需要大家脑袋里的智慧，你需要一群人的脑袋迸发出各种火花，你怎么能够去洗这些东西？”我们一定不要奢望统一思想。我们需要做的，是统一目标。

在许多洗手间里都喜欢挂这样的标志——“上前一小步，文明一大步”“来也匆匆，去也冲冲”，有的还非常诙谐、幽默，“将军发令，请瞄准射击”。这些标志虽然五花八门，但都是为了统一思想。可是，北京有一家国际饭店的洗手间却与众不同，他们没有任何统一思想的招贴，他们只做了一件事：给所有进卫生间的男士确定目标。在每个小便斗的下方，都有一只苍蝇，像真的一样……于是，每一位男士看到这只苍蝇后都会特别、特别地努力。这时候，你还需要统一思想吗？所以，第一，目标一定要非常集中；第二，尽管它只是愿景，但一定要让大家看上去、听起来像真的一样。

“不能去统一人的思想，但可以统一目标。”“千万不要相信你能统一人的思想，那是不可能的。”“30% 的人永远不可能相信你，不要让你的同事为你而工作，要让他们为我们的共同目标而工作。”“团结在一个共同的目标下，要比团结在一个人周围要容易得多。”说这些话的，是马云。以此与大家共勉！

2014 年 10 月 · 北京

| 第五讲 |

学校变革的冲突

非常感谢1999年启动的第八次课程改革。正是这样一种课程改革的目标定位——“为了中华民族的复兴，为了每位学生的发展”，使我们长期在学校里工作的老师，心中树立起了一个宏大的教育理想。北京十一学校的使命是“创造适合每一位学生发展的教育”。这使我们的学校转型能够始终坚守正确的价值观。然而，在具体的转型过程中，我们还是遇到了不少挑战。

一、当制度和文化发生冲突时

来到十一学校时，我遇到的第一个问题是，在召开全校教职工大会时，有很多老师在会场上批改作业，负责考勤的老师和主管考勤的干部找到我，说这件事该怎么办。他们希望制定更加严格的制度来杜绝这样的事情。

说实话，我们完全可以制定更多的制度，甚至完全可以把整个学校各个方面管得水泄不通。可是，那样的管理很容易变得僵化，事实上，有些问题用制度永远也不可能解决。在十一学校一贯追求的价值观里，我们始终是这样表述的："把学校办成教职工心灵的栖所、教师施展才华的舞台、教职工的幸福家园。"如果我们循着一个在制度上不断层层加码的道路上行走，我们能够落实我们的价值观吗？我们能让老师感觉很舒服吗？如果我们以开会为中心，我们能够让学生及时收到批改过的作业吗？当时，我就跟负责的干部商量，我说："我们能不能把每星期一次的全体教职工大会减少？"他们非常有顾虑，说一旦减下来，以后再想增加就很难了，我说："为什么以后要增加？"

这件事没有了结，第二件事接着来了，就是教学楼里的电梯很少。一座六层的教学楼里有2000多名学生，却只有两部电梯。这时候，我们该如何使用电梯？也就是说，谁可以乘坐电梯的问题就摆在我们面前了。按照大家通常的理解，电梯是给老师设计的，但我们要问的是，学校是给谁设计的。学校是因为学生而存在的。我们想一想，我们的"一切为了学生"和"不允许学生坐电梯"是不是矛盾？当我们说"我们深深爱着学生，甚至超过爱我们自己的孩子"的时候，却又说"电梯只能老师坐，学生不能坐"，这能说得过去吗？所以，老师们非常纠结。在今天的绝大多数校园里，或者以制度把学生乘坐电梯定为违纪，或者采用技术手段，安一个刷卡机，只有老师有卡，刷卡后才能坐。用这样的方式可以解决问题本身，但却解决不了我们内心的纠结，我们的制度和我们的文化是冲突的。有一位班主任老师，他班上有一位学生就是要跟学校较劲，偏偏要坐电梯，可是学校的制度却不允许，违纪就要扣分。所以，这位班主任实在张不开口跟学生说"学生不能坐电梯"，于是就想了一个办法，去医务室给他开了一个长期病号条。有了这张条，这名学生就可以长期坐电梯。但这样的处理方式有很多副作用。

我们遇到的第三个难题就是教学资源的分享。很多老师积累了一大批教学资源，特别是每年送走了毕业班学生后，他们手中会有很多有用的资源。我们希望能够将这些资源分享到下一届老师的手中，同一个年级、同一个教研组的老师，他们也希望同事们的资源能够互通，但很多时候做不到。这是为什么呢？因为在若干制度里面，我们是不鼓励老师这样做的。比如说，我们给老师的评价是评价团队，还是评价个体？如果我们把一个年级 8 位数学老师，按照他们的业绩去排序，非要搞出个一、二、三等次，那么老师之间就是竞争关系，这样，年级就永远不会成为团队，也就永远不会从根本上成为一个分享的学习型组织。为什么？因为你的评价制度，不鼓励合作与分享的文化。

包括我们的“教育教学工作调查”，共 10 个指标，我们用了两年多的时间，才形成了和学校文化相一致的制度。开始的时候，大家总是希望把这些指标的得分进行合并，合并后得出一个分数——这位老师 90 分、那位老师 88 分、那位老师 76 分，总是希望在综合分数上能有一个排序。但这样的排序会带来什么呢？尽管这个结果和老师的利益不挂钩，但老师们还是会很看重。这样一排序，老师们之间就构成了竞争关系。这样的综合打分也很难让老师看到自己到底哪一个指标有优势、到底哪一个指标有问题，也没有办法实现“评价是为了促进评价对象成长”的目标。当评价仅仅是为了甄别的时候，这样的评价往往就会有很多后遗症。

当我们面对制度和文化冲突的时候，我们首先想的是要改变制度，要从评价个体转为评价团队，团队的业绩就是每个人的业绩。于是，我们的教育教学调查，不再合并 10 个指标的分数，而是分别对每一个指标进行评定——分为“优秀”“良好”和“一般”，没有“差”，我们认为十一学校里没有“差”的老师。这样一来，老师看到这 10 个指标中，自己有 8 个“优秀”、2 个“良好”的时候，他就能知道自己进一步努力的方向在哪里了。

经过三年的努力，我们慢慢地调整学校文化和制度的关系，慢慢地在各个领域形成了我们共同的目标，形成了我们自己的价值追求，这就是《北京市十一学校行动纲要》。这个纲要成为我们日后制定新的学校制度的依据，也成了校园里出现一些新生事物而引发管理冲突时，我们到底该选择什么样的方向时的一个依据。

在这样一场制度和文化相遇的过程中，作为管理者，我们需要随时调停管理与文化的冲突。这种冲突有时候可能没有显现到决策层面，但天天发生在老师和学生、老师和家长、老师和领导、老师和老师之间，需要我们天天深入第一线，去发现这些冲突、管理这些冲突。对校长来说，这是一个很重要的工作。另外，我们尽量选择以文化的力量推动工作。就是说，当我们在一些新领域还吃不准时，不要急于制定新制度，因为制度可能扭曲你的工作。

我们的制度还要有包容性。譬如，我们经常说“鼓励先进，允许落后”，这是一种文化，可是，我们的制度能否保障这样的文化生态？任何改革总是有很多人理解得快，也有很多人理解得慢。我们怎么去对待这些理解得慢的人？理解得慢并不意味着他以后一定会真的落后，他可能就是慢热型的。如果一开始就强力去推，就会有很大的工作量。他们可以行动慢一点儿,慢慢去想,一旦想通了,他们也许很快就走到前面了。

要不断建设新的校园文化。文化一定会随着时代的发展和组织结构的调整而产生新的变化。如果我们不能及时去归纳、总结、提倡，文化可能就会迷茫，甚至会走到岔道上去。所以，我们怎么样及时抓住一些苗头、一些倾向性的问题，及时提炼出新的学校文化，慢慢让大家接受，这是管理者非常重要的任务。比如说，以学生可以接受的方式处理学生问题，就是我们当时的高二年级主任张之俊老师总结出来的。有一位学生因为和老师发生了一点儿误会，就在网上骂老师，有很多话非常出格，我们必须按照校规进行处理。这位学生尽管想通了，但他向老师提出了一个要求，说能不能过两个星期再处理这件事，因为他妈妈正在住院，他爸爸是军人，脾气非常暴躁，等他妈妈出了院，学校跟他父母一块儿谈话，这样他日子会好过一些。我们觉得有道理，就接受了这位学生的建议，就过了一段时间才处罚。后来，这名学生发展得非常好。

没有了行政班、没有了班主任，有很多事没有经验，过去的经验没法解决新的问题。比如说，每位学生在走廊上都有一个柜子，用来放书报、放资料、放衣物。这个柜子该怎么分配？过去很简单，分到这个班，然后班级再去分配。“分配”这个概念在我们脑子里根深蒂固。现在怎么分配呢？有人说，按照行政单位发，有人说按照男生、女生分，等等。我们习惯于按照分配的思路去想。但事实上，学生并不喜欢这种分配的思路，他喜欢的是选择。比较好的做法是，我们把所有柜子都标出来，然后在网上公布所有柜子的编号，让学生自己去选择。有些学生将自己的柜子选在化学教室旁边；另外有几位学生都是篮球队的，他们希望能在一层的某个地方他们几个同学的柜子能在一起，这样他们好一块儿去打篮球。选择会带来双方都比较满意的状态。所以，有很多事情用过去的路径没法实现的时候，我们必须用新的方式去思考。比如，“不要把学生之间的好感当早恋”“倾听就是对双方关系的最好投资”“我们不错，但我们也不一定是对的”，等等。这样的文化价值观，我们是通过一件一件事情、一个一个故事，慢慢提炼出来，作为新的学校文化。当然，我们也不要希望文化能解决所有问题。

二、当成长与管控发生冲撞时

每一位学生有一张属于自己的课表，每一位学生有自己不同的发展方向，每一位学生自主管理自己的时间和生活，这时跟管理的冲撞就不可避免。这种冲撞有时候发生在表面上，许多时候则发生在我们的内心里。当我们刚开始走班上课的时候，我们还想让班主任和导师并行，还想保留行政班。当我们保留班主任时，班主任的烦恼其实很多。比如说，他要想的是：学生早读读什么？中午时间干什么？课外活动要不要集体组织？因为他是这个班的班主任。特别是一上课，当他这个班40位学生到了不同教室的时候，甚至到了20多个教室去上课的时候，他可能一个星期都没见到那些学生。但是，他是班主任，对班主任的职责，他非常清楚，甚至教导处对班主任的要求也很多，这个时候，他没有办法在见不到学生的时候履行他的职责，这种情况下班主任们内心会非常焦虑，甚至非常痛苦。另外，因为有班主任，导师做起事情来也只能躲躲闪闪，他们不愿意影响班主任的工作。这个时候，怎么办？当我们还是站在管理的角度去研究学生的时候，我们有一百个不放心，我们不知道他们中午去干什么，我们不自觉地会认为他们在课外活动时间里全是瞎胡闹。

去年（2013年），我遇到从英国留学回来的一名初中学生，他在英国待了一年。当我向他请教英国的学校跟中国的学校最大的区别是什么的时候，他想了想说："尽管区别有很多、很多，但最大的区别还是学校和老师对学生是不是信任。"他在英国那所学校里，学校和老师什么事都信任他，当他离开老师视线的时候，老师们以为他去做好事了。他没有继续往下说，但我已经明白了：当我们的老师见不到学生的时候，我们就认为他去"干坏事"了。我们要跳出管控的思维，把学生成长的线理得更清，我们要去欣赏这条成长之线，来帮助学生更好地解决他们成长链条上每一个环节遇到的困难。

实行走班上课两个月后，我们已经明显感受到班主任与导师并行的问题，于是，我们下了很大的决心，甚至感觉要冒很大的风险，取消了班主任。没想到，在学生那里却风平浪静，学生的反应是，早该这样了。为什么？他们不希望有过多的管控，他们需要的是帮助。

当我们把学校的管理工作放在学生成长这一价值追求上时，很多事是可以调整的。选课走班后，每位老师都有一间学科教室。在学科教室里，他天天在影响着学生。但是，这样的学科教室又让老师很纠结，为什么？没有了班主任的学生很开放，和老师很平等。这些学生显得很自由，他们只要不违背校规就是自由的。但是，每一位学生都有个性，都有脾气，都有或多或少让你厌烦的小毛病。我们常常把这些小毛病当成大事。有很多老师看不惯很多学生，也有学生对其他同学的行为不满。所以，大家又提出来，学科教室里的老师，要对在学科教室里自习、上课学生的常规情况进行记录、计分，进行评价。这个事情让我们在一段时间里很纠结，因为无论老师还是学生，呼声都很高。对老师来说，他们内心还是很纠结的。为什么？天天坐在教室里，面对着你没法接受的很多“不同的个性”，内心里有时候会有一个东西想跳出来，那就是让它们变得一样，让它们变得能够为我们所掌控，特别是在有些学生也提出来应该评价学科教室里每位学生的行为的时候。可是，我们再想一想：如果真的去评价，我们还能够看到真实的学生吗？

所以，我们不能对学生的常规进行评价。尽管我们可以影响他、教育他、批评他，但是我们不能把他放到一个高利害的评价体系里。那样的话，你就看不到真实的学生了。这样，我们就丧失了教育的起点，也就不会有真正的教育，剩下的只有管理。教育就是要面对形形色色的、不一样的学生，当他们真实地表现自己的时候，真正的教育才会发生。

在社团不再设指导教师以后，学校可以做什么？学校可以组建一个一个的社团联盟，有信息类的，有公益类、慈善类的。我听说，我们学校有八大社团联盟，他们可以一起切磋，共同成长。学校还可以开设“社团助力”课程：你可以跟他们分享一下如何组建一个新社团，可以让一些优秀社团的社长分享一下怎么使每个社员都具有领导力。这样的课程是当事人自愿参加的，不是靠行政力量推动的。我们学校还设了中小社团奖励基金。其中有一个就是学生自己开公司盈利后设立的。去年，这个公司赚了 16000 块，他们把它用来专门奖励那些正在成长中的中小社团，叫作“乐群奖学金”。

另外，我们学校每个年级都有三四位咨询师。咨询师的责任就是帮助学生进行职业和人生规划，进行心理辅导和学习方法指导。年级的每位老师又是导师。导师和咨询师的工作各自是什么？我们认为，咨询师不能成为导师的领导，不能说咨询师安排导师干什么导师就去干什么。为什么？如果我们把这样一种学术和专业的领域变成行政化的领域，我们就不会在乎学生成长的需求。十几位学生到底有什么区别，是每个导师应该去集中研究，把它弄清楚的。从咨询师那里可以汲取营养，从其他领域里也可以汲取更多经验，用在这十几位学生的需求上，而不是按照上级领导的指示来研究如何满足这些学生的需求。还有，咨询师不能替任何学生做出选择。替学生做选择是最大的忌讳。每位学生都会有困惑，因为他处在不同的时期，他心理的成熟度和对社会的理解都不一样，你可以帮他分析，可以给他提供建议，但是你一定不能给他提供唯一的建议。因为，一切都需要给他留出自己思考的空间。

在十一学校里，我现在面对最多的挑战就是，有些学生会找到我，说他找老师商量，希望这两个月不上课了，但老师看上去不太同意。还有学生找到我，说希望这个学期不做学科作业了，他跟老师商量了，但老师担心。为什么会出现这样的学生？在今天互联网的环境下，学生已经不仅仅靠一个渠道学习的时候——当他变得不一样的时候，我们有什么理由让他在课堂上做一样的作业、考一样的卷子？没有理由，就是因为习惯，就是因为制度，就是因为要掌控。但是，要打破这个惯性是很困难的。当我们真的研究每一位学生的成长链条的时候，你就会发现我们必须打破惯性。

我们发现，当我们研究不同类型学生的学习链条的时候，我们的因材施教就变得跟过去很不一样了。过去，我们面对的是静态的学生，他们有不同的个性、不同的学习基础，所以要因材施教。今天，我们在校园里见到的学生不是静态的，他们在你教的这个知识本身、你教的这些学习领域里，已经有了自己的学习路径，并形成了一套学习链。这个时候，你对每位学生的因材施教都因为这条链的不一样而变得不一样。如果你还是按照常规用一样的上课内容、一样的作业和一样的考试来掌控和管理学生，冲突就会变得非常激烈。上学期，一个初二的学生找到我，说希望能不学语文了。我看了他的一些材料，感觉他确实不需要在初二这个年级学习语文了，他确实应该脱离这样的课堂了。于是，我就鼓励他跟老师签协议。后来，他告诉我谈成功了。这样他就可以一个学期不上初二年级的语文课，但他可以上更高层次的语文课。

说实话，在这样的校园里，有时候学生会给你带来很多挑战。他们最不喜欢的就是一刀切，他们特别热衷的就是选择。比如，高三的一位学生就给我写了一个万言书，设计出一整套高一的课程，非常好，于是，我们就采纳了他许多好的建议。比如，学校的校服，过去无论从管理者的角度还是从家长的角度，我们都是希望提高校服的质量，但我们没有想到的就是选择，无论多么好看，我们永远也不能使所有学生都觉得好看。所以，就是因为一个学生的建议，我们学校的校服就变成了有50多个品种供学生选择。

英国夏山学校的校长尼尔说：“对于人，我是没有统治欲的，要是你对人有统治欲，你就不适合做校长。”我们需要做的是，要研究需求，要关注成长，要为他们提供帮助。这样的文化一旦形成，整个学校就会有点儿失控，但在失控后的学校里，你会非常欣慰地发现，它会诞生出一些自组织。在一个星期的时间里，就曾经有七八位学生自组织的成员来找我。其中有一名是选修射箭课的学生，来找我说他们要组建一个射箭队。他们认为，经过将近三个月的努力，他们的水平已经可以了，因此他们希望学校能够提供帮助，为他们选配一些器材，以方便他们参加一些射箭比赛。还有一帮喜欢音乐的学生也找到我，他们要为一个信心不足的学生举办一场音乐会，问我能不能买一些票支持一下他们的慈善音乐会，这场音乐会的所有收入都要捐出去。这样的自组织，在学校里一个一个地冒出来。当没有那么多管控的时候，你就会有很多这样让人意想不到的收获。

三、从管理走向领导

在这样一所到处都往外冒想法的学校，每位学生和每位老师有着完全不一样的需求。如果我们仅仅靠一个或几个脑袋去想事情，如果我们仅仅从管理的角度提规划、提要求去掌控、评价，那么我们就没法满足师生成长的需要。大量、旺盛的需求嗷嗷待哺，该怎么办？我们的选择是从管理走向领导。

英国百货业先驱哈里·戈登·塞尔弗里奇这样描述领袖和上司的区别：“上司驱使下属，领袖引导之。上司‘我’字当头，领导者必称‘我们’。”从根本上说，领导者最大的追求是把手下所有的人都变成领导者，每一个同事、每一个下属都成为自己的CEO。而管理者则不是这样。所以，怎么去解决过去长期管理过度而领导不足的问题，就成为我们的一个重大挑战。因为管理让我们失去了很多，管理让我们失去了创意，管理让我们失去了对下属和同事的领导力，管理让我们变得疲惫不堪，管理让我们感觉到学校是我的。而只有当你成为一个领导者时，你才会知道，学校是每个人的，每个人会在某个领域里成为领袖。

在一所学校里，有两个动力系统就能够使这所学校走得很远、飞得更高：一个是教师工作的积极性，一个是学生学习的积极性。我一直认为，学生学习的积极性必须靠选择激发，只有他选到他自己认为很重要、他自己感兴趣的课程时，他才会真正有内动力。不然的话，他就永远是靠外力——考试的压力、家长的压力、找工作的压力。这种压力一旦失去，他就会感到迷茫。所以，只有经历过选择的学生，才会有真正的动力体系。这个动力体系会伴随他一生。教师的积极性来自哪里呢？有很多来源，但我们必须给他们提供成为自己 CEO 的这种可能性，让他们自己能够主宰自己的命运、自己能够认清自己的目标、自己能够协调和管理各种资源，帮助他们走向这样的目标。

所以，在十一学校里，我们的管理模式是分布式领导。说实话，为了弄清管理和领导这两个概念，我们就用了两年时间。大家不时地说成分布式管理，但我们必须把它拧到“分布式领导”这个方向上。

我以年级的管理方式跟大家说一下。

取消了行政班、没有了班主任后，学校里所有的事情还是都要做。谁来做？项目组来做。这一个一个的项目组都非常有专业性、学术性，这样一来，一个年级主任想囊括所有项目的智慧已经不可能了。于是，我们使每个项目的主管就是这个年级在这个领域中的最高领导。在这个领域里，年级主任也要听这个主管的，因为他是“专家”。他负责这个领域，慢慢他就会成为领袖。

就在上个星期，十一学校刚刚通过了《北京市十一学校章程》。表面看，这是我们刚刚制定的，实际上是一代一代“十一人”智慧的结晶。经过几十年的努力，我们已经把有些做法固定下来了，但今天我们希望通过文字的形式把它形成学校的“宪法”。在这个学校章程里，最重要的是我们明确了学校的治理结构，以改变学校的最高权力属于校长的传统。为什么要这么做？因为我们希望能有一个好的学校生态。这个生态一定是什么样的权力归到什么样的治理主体那里，而不是谁的职位最高，就权力最大，就可以给所有的事情做决策。这样做决策很容易失误，很容易让老师和学生没有安全感。所以，我们就明确了在学校的治理结构里面有很多权力主体，包括教职工代表大会、校务委员会、党总支、学术委员会、学代会和教师家长委员会等，他们拥有不同的权力。这样也能防止某一方权力过度膨胀。比如说，教职工代表大会的权力。在每年的教职工代表大会上，要对校长进行信任投票，而且必须是无记名投票。《北京市十一学校章程》明确规定不允许采用举手表决和鼓掌通过的方式，而且必须当场公布投票结果，达不到票数的，校长就要“下课”。这样一个决定，从制度上规定了校长要对老师好一点儿，而不是只靠这个人有修养、这个人脾气好，所以这个人对老师挺好。哪怕你有容易火冒三丈的脾气，你到这所学校来也要注意——你得小心你的信任投票。你想当校长吗？那你脾气就得好一点儿。这是治理结构在起作用，而不是仅仅靠个人修养。

再比如说，我们学校的学术委员会不允许有任何一个管理干部参加，全部由优秀老师组成，由教职工代表投票决定谁是学术委员会委员。三年一届，每一届换掉三分之一，也是通过投票方式决定。学术委员会有什么权力呢？评定职称，他们最终决定；推荐特级教师、骨干教师，他们最终决定；学术工作的研究项目招标，他们最终决定；名师工作室的设立、管理和评价，他们最终决定。他们决定了就是最终结果，校长无权改变。

再比如说，在学校的财务方面，校长的权力是什么，校长的权力就是批准年度预算。校长一签字，这个预算就上网公布。至于每个预算的执行，就不需要校长去批签，由部门和年级主任签字决定，校长在这里无权——不让有权的人理财。有了这样的治理结构，大家就会感觉比较安全。在这样的校园里，大家就会产生自己的想法。当一个学校里有很多想法，在很多领域里有很多老师会站出来担当的时候，我相信这样的学校就会有生长性，每位老师也就有存在感。

这一切其实都是选择的结果。

在这样一场以选择为核心的改革中，我有几个深刻的感受。

第一，所有的选择都出于我们的学生立场。没有学生立场，各种选择就不会是真正的教育。我想举个例子来说明。我们每个学期对教师的教育教学工作调查的指标有十项，每个时期会根据学校改革发展的状况略做调整，但是调整来调整去，我们发现了一个问题，有一项指标在老师们讨论时总是被拿掉。这个指标是什么呢？就是“风趣、幽默”。许多老师认为这个指标不重要，他们认为知识重要、人格重要，“风趣、幽默”不重要。但是，学生却认为重要。为什么？学生一天坐在那个冷板凳上八个小时，一坐坐一年，你天天板着脸跟人家聊，行吗？所以，当我们没有学生立场的时候，我们就感觉很多东西不重要。即使有些学生说不出它重要，但当你站在学生的角度思考时，你就会觉得它很重要。

第二，致力于统一目标，而不必奢望统一思想。以往，我们总是希望统一大家的思想，以便使我们的改革能进行得特别顺利。其实，当你听不到不同声音的时候，你的风险就已经存在了。但是，我们可以统一目标。那个美好的愿景不会错，我们要攀登那座高峰没有错，但走路的时候我们一定要听更多的意见和思想，这样才能产生更多的智慧来帮助我们。

人们有不同的想法，但却可以只有一个目标。我们没有必要在选择的过程中，去统一每个人的思想，我们要放弃这种努力。

当我们有了这样一些价值观，并且始终如一地按照这些价值观去做出选择的时候，我们即使选择走上了一条崎岖、坎坷的路，但只要我们始终朝着“统一的目标”坚持走下去，我想，结果就会是我最后想跟大家分享的一句话：“一切皆有可能。”

2014年12月·北京

第六讲

那个仍被称作学校的地方

大家好！

1983年，我参加工作的第三年，有一本书轰动了美国朝野，也轰动了全世界，这本书是《国家处在危机之中》（也译为《国家在危机中》）。同年，还有一本书也出版了，而且在美国和《国家处在危机之中》有着同样的震撼力，这本书是《一个称作学校的地方》。在书中，作者提出了“令人生畏”的教育改革日程。他提到，教育改革应该澄清学校教育的目标和功能，发展课程以响应广泛的教育承诺，设计教学使学生更有意义并积极地参与学习，增加机会使所有的学生获取知识。

这跟我国1999年开启的第八次课程改革的目标非常相似。

20年后，当这本书再版时，作者在前言里写了这么一句话：“当目前风行一时的学校改革走到尽头时，人们又会开始‘沉痛地重新评估’。”为什么？因为改革太难了。他说：“一时的挫折感可能会导致人们重新分析现在的青少年在学什么知识及怎样学习。”回到我们今天的校园里，我们真的知道学生在学什么吗？

他们应该学什么？而特别重要的是，我们知道他们在怎样学习吗？

一、学生去哪儿？老师在哪里？

我和十一学校的同事们正在用我们的实践写一本书，名叫“那个仍被称作学校的地方”。学校的一切都在发生改变，这迫使我们追问：在学校里，学生去哪儿？老师在哪里？还有，我们的管理应当何为？

学生去哪儿？

这样的思考，源自我过去对学生的一些了解。举个例子。现在上初二的李浩，初一时数学很弱，数学Ⅱ的学习在班上排名靠后，但在不到一年的时间里，他的数学成绩竟然突飞猛进，进入最好的学生之列。更让老师感觉奇怪的是，老师并没有对他特别关注，也没有特别对他施加什么影响。

他为什么变了？带着好奇，我们访问了李浩，发现他有一个同伴，叫“徐嘚瑟”，本名徐安。为什么叫“徐嘚瑟”呢？因为他的数学和物理特别好，又特别喜欢用数学和物理显摆自己，顺便帮助同伴，所以就得了这么一个名字。李浩又叫“李磨叽”，因为他做事特别拖拉。他们俩是好朋友。这个好朋友徐嘚瑟为李磨叽做了什么呢？徐嘚瑟每天都给李磨叽布置数学作业，并每天给他批改。在李浩过生日的时候，别的同学都送好吃的、好用的，徐嘚瑟专门给他准备了一件特别的礼物——一本自己编的书，书中是他搜集的适合李浩做的数学题。书的封面，用的是徐嘚瑟偷拍的李浩的一张照片。这张照片他从未给李浩看过。这使李浩特别感动。这样一来，李浩就没法不认真完成徐安这个小老师给他准备的作业，也没法不去学好数学。总之，通过一年的努力，李浩进阶到了初中数学的最高等级——数学Ⅲ。

另一位学生也给我们带来很大启发，她叫谢安琪，现在在读高二。她是一个与众不同的学生。有一次，她们年级去爬金山岭长城。在长城上，她的语文老师很郑重地提出要给她照一张相，她答应了。但是，当老师举起手机拍照的时候，她却只让老师照了一个背影。

她的语文课，老师已经没法教了，因为她读的书已经远远超过了老师。如果她在课堂上，老师提出问题后都不敢看她。为什么？一看她，她就要回答。可一旦她回答的话，那不管课堂剩多少时间就会都归她了。所以，老师提问题时会跳过她，不看她，但她的语文成绩非常好。对这样的学生，怎么样给她设计语文学习的路径呢？她的课堂、她的阅读、她的写作都是独特的，都是属于她一个人的，是为她量身订制的。此外，老师还在走廊里给她专门开了一个评论展。她写的评论随时可以贴上去。其中一些评论已经非常有深度了。有一次，一家中央级媒体的老总来学校考察，走到评论展前看了谢安琪的评论，问我："我们能不能现在就聘她做我们的特约评论员？"我说："对不起，你得和她本人商量。"她的语文学习是老师教的吗？她的学习路径到底如何？

我们再来看另一位学生，她叫石珺。她是一个让老师头疼的孩子，现在也在读高二，她有时候会拿出两个月时间专门学化学。在这两个月里，除化学外，其他学科的作业她一概不做，考试也一概不参加。有时候她会找老师商量一下，有时候不商量。为什么？因为她发现老师不会同意，但她学了两个月就把化学学好了。其实，她学化学也不是上化学课。学好化学后她再去学其他学科。在学生物的时候，她的学校课桌上、家里书桌上摆的都是什么书呢？都是超出高中课程的书，都是大学先修课程的书。老师担心、害怕、纠结，就怕这位学生搞砸了。但后来事实证明她没有搞砸。单纯从学科成绩上来说，到第五个学段的时候，她就已经有了很大提升。石珺喜欢单科独进，喜欢在一段时间里集中学好一个学科。她为什么喜欢这样学习？我们思考过吗？

老师在哪里？

如果我们不知道学生是怎样学习的，他们对我们来说就永远是抽象的学生。我记不太清楚这是哪一位名人说的话了，后来我调查了一下，是我们学校的一位语文老师——朱则光老师说的。他还说，通常我们认为自己了解学生，但事实上我们并不怎么了解，因为学生并不愿意把他的全部自然地展现给我们。仅仅靠日常的、一般性的工作方式，你就无法全面了解孩子。也许，我们会感觉到这几位学生都是“奇葩”，可是我们为什么总是遇到这样的学生呢？

局部突进

我们来看一下王勋的故事。他是初二的学生。当我们研究他的学习流程的时候，发现他最不擅长的学科是数学。当我们让他画出他的数学学习路径的时候，我们发现他是一个非常规矩的学生，是一个严格按照规范的学习流程进行学习的好学生，但他的数学成绩却一直不好。为什么呢？经过深入访谈，我们了解到是因为他在“改错和积累错题”这一环节上出了问题。他的问题是什么呢？老师说：“他对数学学习的流程很熟悉，但进入一个具体的学习流程时，他会根据时间的多少、题目的难易程度，不自觉地省略一部分，而这恰恰是他欠缺的地方。比如说，错题积累需要每天进行，在周末进行总结，比较琐碎，而且不是老师要求上交的任务，所以他完成的情况就不理想。还有，遇到不会的问题，需要和同学们讨论或者问老师时，往往会碰上有其他学科硬性的学习任务需要完成，这时，他就把这些讨论或请教等非硬性任务给省略了。如何恰当地安排时间、如何取舍，他有时候就把握不好。”我们再来看他的同学怎么说：“王勋的数学作业完成得很慢，每次都耗费大量时间，效率不高；他对错题没有整体的分类，考试时时间分配不合理，有时候会做不完题目。”他自己则说：“在老师了解到我在‘改错和积累错题’这个环节的问题后，通过大量工作，我已经有了一点儿转变。原来是大概分类，现在我按题目已知条件或者考点来进行分类。考试中遇到不会的题目时就跳过，在正确率有保证的情况下我努力提高效率。也开始在日常学习中加大做练习题的力度。”

对这样的学生，老师应该在哪里？老师应该帮助这些学生，发现局部的问题，完善其学习链。帮助他把某一个环节加以改善，也许就改善了他的全部。

顺应风格

我们再来看王南的故事。在老师让他描述一下每天做作业的时间、顺序和方法时，他写了这么一句话：“刚回家时还很精神，先去完成英语和语文的背诵任务。然后读英语，培养语感。最后在夜晚糊涂的时候做数学题。”看到这样的回答，老师们认为他肯定不喜欢学数学，所以把做数学题放在最后。在回答问卷时，他却认为自己最擅长的学科是数学；同时，他画出的数学学习路径也与众不同。他有自己独到的学习方式。他的数学成绩，在年级里也的确名列前茅。当问他为什么在糊涂的时候才做数学题时，他说：“数学、物理一直是我的强项；语文还有上升空间；英语是我的弱项，于是在时间分配上，我将英语放在首位。在学习时间上，晚上七八点钟时我精力最充沛，大脑运转最灵活。于是，我将背诵的内容安排在前面，像英语单词、课文，语文的古文，在我大脑最清醒的时候先完成背诵；等背诵的内容完成后再去做数学题和物理题。这样做，一方面是换脑子；另外即使大脑运转不快了，数学题和物理题对我来说还是很容易完成的。”老师又问：“你是不是像有的人吃东西一样，先吃好吃的，再吃难吃的。”他说：“老师，我是先吃难吃的，再吃好吃的。”原来我们都错了。

记得一篇文章里有这样的话：“做老师时间长了，我们就特别容易好为人师，甚至自以为是。我们坚定地以为，我们最了解学生，甚至我们周边的亲朋好友对此也深信不疑。其实，许多时候，我们错了，我们根本不了解孩子们。”后来查了一下，发现文章就是我写的。说实话，当老师时间长了，我们就会经常出现这个毛病。当有朋友、家长向我们询问一些关于学生的事情的时候，我们总是侃侃而谈。有些时候可能谈对了，但很多时候人家回去后会笑话我们的。其实，他们只是为了满足我们的虚荣心，才装出不懂的样子，而我们真的不懂，但我们以为自己懂。

昨天，我在微信上看到，有人问一个小朋友：“古时候，为什么女人要裹脚呢？”小朋友的回答是：“因为不能让女人去逛大街。那时候钱太少了，一逛街就要花钱。”这是孩子的回答，他就是这样认为的。如果你不从这样的起点去设计教学的话，你说的话他就听不进去，你的教学就不会有效。然后人们又问他：“那现在为什么不裹脚了？难道不怕花钱了吗？”这个小朋友又回答说：“因为现在裹脚也没用了，有支付宝了。你给她裹脚，她照样能花钱。”

今年清明节的时候，我带一个刚刚五岁的小朋友去逛北宫森林公园。这个公园刚建成不久，里面景色非常漂亮，对成年人来说，真是赏心悦目。这个小朋友眼里到底看到什么了呢？我们不知道。开学后，他跟幼儿园的老师讲了半天，我们才知道他看到了什么。老师问：“你们清明节去逛公园了吗？”他说：“是啊。”老师说：“逛得好不好？”他说：“很好。”

老师问：“怎么个好法呢？”结果他说了两件事。第一件事，他滑滑板摔了一跤，鼻子出血了。所以他说，以后再滑滑板时要当心。第二件事，公园里有很多马，他爸爸踩到马粪上了。这是他最开心的事，于是他逢人就说“爸爸踩到马粪上了”。他逛北宫森林公园，就只看到这两件事。那么好的、多彩的景色都没有进入他的眼里，也没有留在他的心里。

如果我们以为他看到了景色，回来后还要让他写一篇游记，这不是难为他吗？我们真的不了解孩子。在我们的学校里面，我们不仅仅去研究不同年龄段的孩子在怎么思考，更要深一步研究每位学生。我特别欣赏一个说法，那就是，当我们要知道每位学生的真正情况时，最好的策略是“暴露”，最核心的是发现差异。在我们和学生沟通的过程中，最大的难点是什么？就是搞清楚我们要顺应什么、改变什么和优化什么。我在很多场合都说过：“我不同意夸大教育作用的那些提法。比如说‘没有教不好的学生’。很多时候，教育没有那么大的力量。我们特别需要做的是顺应。顺应是最容易见效的事儿。”我们要顺应每个孩子的天性，只有认为确实存在严重问题时，我们才去改变它，才去优化它。《高效能教师：如何带领学生取得优异成绩》的作者有一个重要的观点，他说：“人的学习风格基于人的性格差异。既然我们不能够改变人的性格，那你就不要试图去改变人的学习风格。”

让我们再来看两个初一的学生。第一个是吕宁，他是一种结构化的学习方式，他在数学方面是“学神”级的人物。老师说：“吕宁平时喜欢读系列书、成套的书。假如说有上、中、下三册书，如果找不到中册他就不读下册，他会费尽心思去找中册。像我们这些学文科的通常认为‘差不多’就行了，但他用各种方式来构建他自己的‘吕氏函数系统’。”所以，吕宁的学习路径是“内容的解构”，学的内容到底分几个板块、板块之间的逻辑关系是什么，他要弄清楚；然后进行“整体阅读”，寻找基础、支撑、核心，弄清关键、要害到底是什么；然后搭建框架，他自己构建一个知识体系；最后进行复习和巩固。他的学习非常有章法。

我们再来看付屹，他是质疑式的学习方式。他有很多绰号——“刨根问底”“执着松”，等等。他的历史老师说：“他看《史记》的时候，发现有一个年代差了很多，他费尽心思查了各种资料，一定要把它搞清楚。”英语老师说：“他特别想发现词典上的错误，因为他曾经发现过词典上的两处错误。”他的同学说：“付屹是十足的‘刁民’。”调查时我们问：“怎么样学习，你最舒服、效率最高？”他说：“我一个人学习，陷入沉思的世界。”让他评价一下自己的性格时，他说：“开朗、乐观，还较真。”又问他：“对老师讲的和书上写的，你一般都赞成或者相信吗？”他说：“一般都会想一想，一般都不相信，然后批判性地接受。”“你觉得你热爱质疑、探索的根源是什么？”他说：“我想掌握事物的真相。”所以，他的学习路径就是以质疑为主线。

《高效能教师：如何带领学生取得优异成绩》的作者从感官、感受、直觉和思考各个维度，把学习分成了四种不同的类型。尽管我们不能严格地把某一位学生划到某一个类型里，但从大的倾向上说，我们会发现，吕宁更多的是靠感官和思考，付屹更多的是靠直觉和思考。

大家看到这三个象声词——“哗”“pia”“ci’er”的时候，就会知道它们来自三个不同的人，他们的习惯不同。

第一个，用象声词“哗”来说事儿的，是我们学校的一名物理特级教师。昨天，她在校园里的水池旁边和另一位老师一块儿坐着聊天，我刚好经过，看到我，她立刻说：“我们两个刚刚在说你，哗——，你就来了。”我说：“我是水吗？”她很多时候都用“哗——”。“哗——，我就把饭吃完了”“哗——，我就睡觉了”，但这并不影响她成为特级教师。

第二个是“pia”。这是我们一位生物特级教师爱用的词儿，她什么事都用“pia”。“pia——，一个点子就出来了”“pia——，我就把衣服穿上了”。

第三个是“ci’er”。我在山东省潍坊市工作的时候有位语文教师，就爱用“ci’er”，什么象声词都带着一个“ci’er”。

我曾经试图去改变他们，我说“不同的事物最好用不同的象声词”，但是他们改不了。后来，我越来越发现，他们说这些象声词时，说得特别动听、特别传神，这反而成了他们的风格。于是，我决定放弃去改变他们。顺应并优化，有可能是我们最为理智的选择。因此，老师应该在哪里呢？老师应该去顺应学生的风格。

规律迁移

我们再来说前面提到的“李磨叽”和“徐嘚瑟”。徐嘚瑟——徐安，最强的是数学和物理，最弱的是语文。在分析他的语文学习环节时，我们发现，他对每一个环节背后到底该干什么并不明确。比如说，看书，看什么书呢，在什么时间看书呢；看书要达到什么效果呢，目的是什么呢，这些他都不清楚。他是在用学物理的思维来学语文，他希望通过做大量题目来学语文。所以，他的语文基础知识还可以，但阅读分析、阅读欣赏和写作就不行。为什么？他把学数学、学物理的方法迁移到了语文学习中，这违背了语文学习的规律。

我们再来看“李磨叽”——李浩，他数学上去了，但他的英语还在后面徘徊。去年 12 月时，他和我共进午餐的时候，就谈到这个苦恼。他说，他的数学用了不到一年时间就学得很棒了，但现在用同样的方法去提升英语时，却没有什么效果。我说：“你应该去找一下你的英语老师，探讨一下英语的学习规律。”以我的经验，到初二，男生学英语最大的瓶颈是词汇量，因为他们通常不像女生那样愿意背诵。男生特别希望用省劲的方式去学习，你让他通过背诵增加词汇量，他会烦得很。“在初二时如果不能突破词汇量的瓶颈，英语的阅读能力和理解能力就不可能提升，这是我的经验。”我跟他分享了之后，他大体认同。我说：“你可以在寒假后一个月之内再来找我。”

很遗憾，现在已经开学一个多月了，他还没有来找我。上个星期，我找人捎信让他找我，他仍然没有来找我。我推测他遇到困难了，他没有达到预期的效果。为什么？就是说，他是在将学好数学的方法迁移到学英语上。这违背了英语的学习规律，也使我们进一步明确每个学科的学习规律是不同的。

那么，老师此时应该做什么呢？应该思考怎么改变学生迁移学习方法的习惯，帮他们找到真正符合自己薄弱学科的学习规律。这个时候，老师的作用在哪里呢？就在帮助学生实现学习规律的迁移上。

跟踪接链

我们再来看另一位学生的故事。夏禹，他非常弱的学科是物理。通过他自己画出来的学习流程，我们发现这位学生在课后基本不沾物理的边儿。尽管课堂上他感觉听得很明白，但他下课就再也不沾物理了。他的学习链是断裂的。这时，老师怎么帮他呢？他的导师朱则光老师就帮他分析他的学习流程，帮他加强课前和课后环节，并要求他每两个星期要和老师见一次面，讨论物理的学习情况。这样的工作不可能一蹴而就，需要长期跟踪，才能把他的学习链从上课接到下课、从下课接到课外、从课外接到上课。在朱老师的指导下，夏禹自己在“课前”和“课后”都增加了一些学习链。后来，他的物理成绩有了很大提高。朱老师说：“今天遇到夏禹，他对我说：‘老师，我要找你说物理的事儿。’原来，他这次物理考得不错，72 分，在班里是第八名，感觉不错。我问他是不是加强了课前、课后的学习，他说‘是的’。我请他对自己课前和课后的学习打一个分数。他说‘如果用 10 分表示的话，可以打 8 分’。我问他‘过去呢’，他说‘过去，10 分的话，只能打 6 分’。”

那么，这时，老师在哪里呢？此时，老师就是要长期跟踪、帮助学生续接学习链。只要接上了学习链，他的学科学习就会有很大改善，而且会帮他形成一种终身学习的习惯。

以环带链

再来看王可的故事。王可这样描述她解决难题的经历，她说：“有一道数学题不会，我会问同学。如果这个同学也不会，我会另找一个同学来讨论；如果他也不会，就再找一个同学来讨论，一直到最终讨论出答案。”她的数学成绩很好，但从来不找老师解决问题。我们问她：“为什么喜欢和同学讨论，而不找老师呢？”她说：“因为我交际能力比较差，不善于和老师打交道，能和同学们讨论出来的问题就没有必要去找老师。老师讲的都是老师们自己的理解，我自己想出来的才是我自己的理解，这样印象深浅会有很大不同。自己想出来，会有小小的得意和成就感。老师讲的就是一个思路、一种方法，而讨论可以讨论出不同的思路，就算是错的也可以借此复习相关知识，最终通常能总结出最好的方法。”当让她列举一下参与讨论的同学时，这个孩子回答得很有章法，她说：“初步讨论、解决一般问题时，找张丹；特殊情况，张丹解决不了，需要进一步讨论的，找陆凡；当大家都解决不了时，就找王怡。”她自己非常有数。为了解决一个问题，最多的时候她找过五个同学，她说：“中间经常会有人加入进来，后来就往往变成我给他们讲题了。”这是一个不太依靠老师的学生。她在“学习、讨论”这个环节上做大做强了。这种类型学生的学习路径、学习的各个环节是怎么样的，我们需要去研究。

去年（2014 年）12 月，美国西北大学的校长访问十一学校。他为什么要来十一学校呢？就是因为连续两年，他们都招收了十一学校的两位学生。在他们录取的学生中，特别是一千多个国际生中，十一学校毕业的两位学生马上就和他成了朋友，而且马上给他提了很多要求让他帮助解决。这位校长就感觉非常奇怪："十一学校是什么样的？"于是，他就来到十一学校，并且问了我这个问题，我告诉他："这些学生为什么会马上被你认识，他们马上就会找到你？因为在十一学校里，他们都不把校长当回事儿。他们认为，校长也是他们可以支配的资源。"在十一学校里，还有许多不拿老师当回事儿的学生，王可就是这种类型。

韩飞是怎么学习的呢？就两个字——实验。他感到不动手就没法学习。刚进入高一时，他就已经在学大学的物理课程。他从多个维度、多个领域，用多种方法，通过做大量实验去学习电磁炮知识。为此，学校为他增加了很多实验设备，连他自己都觉得不好意思了。他爸爸特别支持他，并在家里给他立了一个"规矩"：只要是购买实验仪器和药品，一千块钱以内的他可以随便刷卡，超过一千块的才需要请示他爸妈。他自己家里就有一个很大的实验室。韩飞认为，在他的学习过程中，老师基本上"没啥作用"。所以，他从来也不找老师，也不问老师。他到物理、化学、生物教室里去的时候都干什么呢？让我们先听听老师们怎么说。

郑弢老师说："这个孩子有非常强的求知欲，每次来教室，首先会关注有什么药品和仪器可以玩儿。他的化学功底很扎实，在我的班里基本是前三名。平时我主要利用课间为他答疑，课堂上没法交流。"化学老师王笃年说："这个孩子每次走进化学教室时，首先会看看又有什么新的仪器和药品了。他的自学能力特别强，老师只要放开手让他学就行了。"韩飞说："从初二开始，我发现了实验与课业学习的关联性，我几乎不复习物理和化学，考试成绩却总是很好。到初三备考时，五门课对我来说只需要学三科，各种积累在我现在的化学学习中仍然起着很重要的作用。考入十一学校的高中部，我有几个深刻的体会：第一，学校作业少，第二，老师对学生宽容，第三，与我兴趣有关的资源多。这使我在学习中完全放开了手脚，自由前行。在学习高中物理高端课程的同时，又自制了小电磁炉、节能灯等。为了给实验进行定量分析，又自学了大学的力学、电磁学、高等数学。”

这时，老师应该在哪里呢？老师应该以学生整个学习链条上某一个特别突出的环节来带动整个学习链。上面所说“讨论”的环节、“实验”的环节，能够带动孩子学习链条上的各个环节吗？它们之间的规律是什么？我们应该怎么样引导学生去总结规律，让他从自发变成自觉的行动？

问题切入

我们再来看另外两名学生——吕硕、王勋，他们有一个共同的做法，就是当遇到问题的时候，会发到微信上去找答案。吕硕同学说：“在周末写数学作业时，碰到一道不会的题目，百思不得其解，我灵机一动，用手机拍了下来发到微信群中。不一会儿，我便得到了解答，问题迎刃而解。”王勋同学说：“将不会的题目拍下来，发到班级微信群里，或在APP里搜寻解答。”同样是在线上寻求答案的学生，他们一样吗？他们也不一样！不一样的地方就在于学习链：吕硕同学寻求答案是在“百思不得其解”的基础上；而王勋同学寻找答案是即时的，发现自己不会后就上线寻找答案。那么，对这样的两位学生，老师应该在哪里呢？老师应该从这两位学生的问题切入，找到背后的优劣。

同样是因材施教，过去我们怎么去因材施教呢？过去，我们基本上是以学科知识掌握的程度，或者学科能力培养的程度来因材施教。我看你数学的三角函数有点儿问题，我就盯着三角函数；化学呢，我发现你烃的衍生物有问题，我就盯着你烃的衍生物。当时的因材施教是以学科知识为对象，没有以人为本，没有把学生当作一个成长的生命体，我们更没有看到学生的学习链和学习路径。所以，在今天这样一个时代——互联网的时代里，当学习的通道不再是仅仅靠老师的时候，学习路径发生了重大变化。当每位学生都变得不一样的时候，因材施教就不再是以他知识掌握的程度为依据了，更重要的是我们要发现学生不一样的学习路径，在学习链条的哪一个环节上有需要我们特别关注、需要我们特别去优化的地方。

二、管理何为？

前面我们说了“学生要去哪儿，老师应该在哪里等着学生”。在这之后，我们要重新审视一下在一所学校里、在这个仍然被称为学校的地方，我们的管理应该怎么做。

结构的改变

现在，大家不断地在说结构。结构决定性质，现在已经到了我们必须高度重视各个领域的结构的时候了。为什么全世界的教育都遇到了同样的问题？背后的原因一定很多，但要解决这个问题，一个迫在眉睫的，也是牵一发而动全身的关键，就是要重组结构。学校组织结构的改变一定会引起课堂改革。同样，学校课堂改革、课程改革到了一定程度，也一定会带动学校的组织变革。这个迫在眉睫的问题，在很多领域里都存在。

为什么我们想变革课堂教学，但一到教室里就又回去了，显得特别困难？这到底是为什么？就是因为教室的结构存在问题。前两天，我参加了北京市中关村第三小学的一个学术活动，这是为9月份学校搬入新校区做准备的。这个新校区在设计时，就在空间结构上实现了创新，打造了“三室一厅”的教学空间，也就是三个不同的年级各一个班共用一个教学空间。每个班有一个教室，三个不同年级的教学班共用一个类似客厅的活动空间，这三个班组成一个群组。即使是空间结构的一点儿变化，也会引发课程的变化和教学方式、评价方式的变化。结构一变，就使我们不得不变，也使我们有条件改变。

当然，学科教室的建设不仅是结构的改变，更是教学资源配置方式的变革。

管理单位的转型

过去，我们都是以行政班为学校的基本管理单位。刚当校长的时候，我特别敬重的一位老领导曾经跟我说过一句话——已经过去快30年了，但我记忆犹新。他说：“当校长有一批好班主任就行了。班乱不了，学校就乱不了。”对此，我琢磨了30年，但琢磨到十一学校的时候学校没有班级了。当我们以课程为管理单位的时候，我们怎么样去组织学校的管理流程、管理结构和评价方式？

今天我发现，那个仍被称作学校的地方又变了。当每位学生学习的起点和终点各不相同的时候，当我们的学生在教室里再也听不到老师说“现在，我们开始学第二章”的时候，我们再以课程为管理单位还行吗？这时，我们就必须以学程作为新的管理单位。这个学程可不是统一的学程，它一定是属于每一位学生的学程。前面我列举了这么多学生，他们不是奇葩，也并不离谱。尽管有传统思想的老师会认为他们是离谱的，但学生各不相同是客观存在的。当我们把每位学生的学程作为管理单位的时候，我们该怎么办？

我们来看一名学生的故事。徐澄刚上初二，他在读什么书呢？在读哲学、政治学、人类学书，其中很多书我也没读过。他是怎么学习的呢？他在用一些APP学习。他在关心哪一些事呢？徐澄特别关心的不是他眼皮底下的事儿，他更关心的是："学校的学生会怎么运作？学生会跟年级的管理学院到底是什么关系？"他还问"中国的教育均衡何时能实现"，他把我给问住了。他还问："亚投行的储备金是不是纳税人的钱？"他还问："村上春树为什么总是获不了诺贝尔文学奖？"他还问："奥巴马之后的美国会有什么变数？"从他关心的这些事和他读的书里，我们知道，他是一个仰望星空的孩子。

老师已经没法教他了，在语文课、英语课、思想品德课、历史课、地理课上，他经常和老师探讨一些问题。通常，对这些问题最后老师也无法给他一个满意的答案。老师实在拿他没办法了，就允许他不上课了，他特别高兴。那天他去找我共进午餐，兴高采烈地跟我说："老师终于同意了，我可以不上课了。"我说："你肯定在课堂上搞破坏了。"他说："没有，我跟老师签了协议。第一条，徐澄同学在葛老师的语文课上，可以进行语文方面的自主学习，地点初步定在303教室后面。第二条，徐澄同学每月需定时上交本月语文课的自主规划表一份……第四条，徐澄同学必须在每次语文考试中得到班级前五名的成绩，并列也可以……第九条，葛老师需保证在徐澄同学自主学习的过程中，不会强行要求他参与课堂。第十条，葛老师需要在徐澄同学语文学习内容和学习条件方面，尽可能提供力所能及的帮助，并且每周要约见徐澄20分钟，交流本周学习的收获。"他们双方都担心对方做不到，于是就都按了指印。

我们学校的高二有一个叫"语文自主学习社"的组织。这个组织的学生不上语文课，也不参加平时的考试。在语文学习的时间里，他们自己阅读、自己讨论。他们也有协议，而且这个协议必须家长签字。开始的时候，老师还是比较担心的，但经过一次又一次考试后，老师们放心了。这些学生虽然没有上语文课、没有一些当期的基础知识，但由于他们大量阅读，所以他们的考试成绩也不差，而且他们积淀的那些语文素养总有一天会显示出巨大的威力。

你看，以班为单位的教学管理已经无法满足学生的需要了，我们必须转向面对每一类甚至每一位学生的管理方式。

让组织适度失控

我们现在一提管理，基本就是控制，但在未来的世界里，我们想控制却控制不了。我们用什么方式实现适度失控呢？这时，构建一个和谐的生态，就显得非常重要了。

在十一学校里，我们实行分权制，校长只管课程规划和评价方案。每个学科、每个年级、每位老师在课堂上用什么样的教学方式，校长无权过问。这是老师的事儿，是学科的事儿。这样就会有点儿小失控，但恰恰是这种小失控使老师们迸发出创造力。

十一学校有一批不上课的学生在书院里学习。虽然像数学、物理、化学、生物有五个层级的课程，但仍然有一部分学生感觉吃不饱，于是他们就到书院里去学习，去自主学习室学习。书院课程是一位学生一个学习规划。有些时候规划不如变化快，老师一检查，发现有的学生没有按照规划办，就想把他们赶回课堂上去。我说“不要赶回来”。为什么？自主学习通常不可能严格按照规划执行，因为有很多事是没法事先规划的，适度失控是正常的。

再比如说，我们的社团管理，很多朋友到十一学校都会问我：“你们有 200 多个学生社团，一位老师带一个社团的话，需要 200 多位老师。你们有这么多编制吗？”我说：“我们不允许老师带社团，只允许学生去咨询老师。为什么？因为一旦一位老师负责一个社团的话，这个社团的大政方针、发展趋势、指导思想就成老师的了，学生就会成为傀儡。所以，我们不允许老师带社团，而是使社团的管理呈现一种失控的状态。”有些人说：“这样的话，社团不就‘死’了吗？”如果有一位学生在学校里组织了一个社团，结果六个月就“死”了，这也是他人生宝贵的财富，他从中会收获很多经验和教训。

在十一学校里，我们还有大量除了社团之外的自组织，这也是我们下一步要研究的重中之重。这些自组织不是社团，它们没有写在书面上的规则，也没有非常明确的愿景和目标，但一些学生就是走到一起了。这样的自组织，人数一般为3–7人，有1–2个领袖。这样的自组织内部没有明文的约束规定，实际上约束力却非常强。另外，这些自组织非常私密，老师试图去影响也很困难。我们现在需要探讨的是老师怎么才能做到在不自觉中影响这些自组织，这是我们研究的重点之一。

建一所有“门诊”的学校

过去，我们的学校似乎只有手术室，没有B超和核磁共振，因此，我们往往抓过一位学生来就动手术，其实，我们连真正的病症都没有弄清。

让我们来看一下语文老师的“门诊”。学生叫它“包工头门诊”，为什么？因为开“门诊”的这位老师的名字叫史建筑。史老师接诊有一个前提条件，就是学生必须先用他开发的诊断工具进行自我诊断，拿着自我诊断的结果才能去找他。申琦同学的自主诊断显示，他的阅读在归纳、概括、总结方面有问题。谢雨同学的诗歌专项自主诊断显示，其在分析方面有问题。

要到史老师的“门诊”就诊，必须预约，而且还限号。史老师给提供的药方，都是根据每位学生的情况而定的，每位学生都不一样。因为工作量很大，而且很多学生的问题属于“疑难杂症”，史老师一个人诊断不了，于是他就聘请了本年级的语文老师和他一块儿会诊。他们会诊的过程，就是他们语文学科进行教研活动的过程。他们把不同学生的诊断资料整理后，放到每位学生的档案里。这样一个一个地提取了学生的经验后，经过分析，他们就思考能不能建模的问题了：能不能把一个一个学生变成一类一类学生呢？

我们学校有位青年老师滕明俊，他在教学活动中设法实现由个到类，把一个一个学生的特征进行归纳，形成一类一类的学生。他在课堂上进行试教，在课后再根据一个一个学生的特征进行落实。这样从个到类，再从类到个，循环往复，就是归纳、分析、汲取、建模的过程。这种“类”的总结，实现的是个性化教育的目标。这么做工作量非常大。所以，“包工头门诊”的史老师就开出了限号措施。第一，限量放号，每天四个。因为要帮助一位学生重新诊断、完善诊断、开出药方，没有 40 分钟做不完。但做一次就有可能管一个学期，甚至一个学年。第二，至少提前三天预约。因为老师也要查资料，学生事先要把自我诊断情况交给老师。四天之后老师才能和当事人谈话，因为老师要有针对性地备课。第三，恭候未到，过号重排。第四，需由本人预约“就诊”，杜绝“黄牛”。史老师用这种方式建设有“门诊”的学校。

我们的管理支持这样的“医疗方式”吗？

模糊师生边界

上个月，在一次教学沙龙上，一位资深语文老师发言时特别得意地介绍说：“我们这个班学生可会填词了，我给他出一个题目，他一个晚上就给我填了三首词，而且水平很高。我现在正在全班推广。”我说：“网上有一个软件，输进去要求，30 首马上就出来了。”他说：“是吗？”

你看，学生都不告诉他真实的情况，他却要在全班推广。谁是老师、谁是学生，许多时候，边界开始慢慢变得模糊。我们不要小看孩子，即使一岁多的孩子，也知道互助。在幼儿园里，即使两岁的小孩子也会经常帮助同伴系扣子、解扣子。同伴的力量很大。我们进行的“高一学生主要通过什么方式学习”的调查显示，排在第一位的是和同学一起学习，占比为43.5%。我们进行的“课堂活动设计”的调查问卷显示，听老师讲课在学习方式的排序上只排到第三位。

十一学校的英语老师王鲁豫，她上课时把教室分为三个区域，其中一个区域叫自主学习区。在自主学习区里，平板电脑、同伴和王老师这三位“老师”的排序是怎样的呢？排在第一位的是平板电脑，排在第二位的是同伴，王老师排在第三位。在小组合作学习区里，排在第一位的“老师”是同伴，排在第二位的是平板电脑，王老师仍然排在第三位。只有在辅导区，排在第一位的才是王老师。

今天，老师的角色已经变了，他跟学生的边界已经越来越不清晰。

打破课堂边界

同样不清晰的还有课堂的边界。如果我们仅仅盯着课堂上的45分钟，那就无法了解和掌握学生学习的全面情况。

像辛梓彤同学，她已经不需要在课堂上学英语了。她家离学校有一段距离，她爸爸每天早晨开车送她到学校，大约需要40分钟。在路上，她就利用APP学40分钟英语。这样，她也就不用再在课堂上学英语了。

模糊学习、生活和游戏的界限

今年3月，一位老领导跟我说，他的小孙子太顽皮了，7个月大，但很难“搞定”。他说：“这个顽皮的孩子，当所有玩具都搞不定他的时候，唯一能搞定他的就是手机。”

他问我为什么会这样，把我问懵了。我向来也是以好为人师“著称”，但这个问题我没能回答出来。为什么？想来想去，我觉得有可能是因为手机是游戏化的象征。游戏化会带来很多变化，但它在今天似乎仍然是一个贬义词，似乎还没有被老师、家长、学校和社会认可。

我们可以再来想一想过去那些年的教育大讨论。在1980年的时候，整个教育系统，甚至全社会在讨论什么呢？就是讨论中学生可不可以戴手表。这事儿在今天看来像笑话，但在那个时候它就发生了。20世纪90年代，我刚当校长时，很多老师和班主任就问我：“校长，我们班有的学生穿牛仔裤，可以吗？”我既不能说“可以”，也不敢说“不可以”。为什么？因为不知道“可以”还是“不可以”。大约从2000年开始，我们就讨论学生可不可以带手机到学校，一直讨论了15年，到今天也还没有结果。但是，今天我们知道了，智能手机已经是一个学习终端，在移动互联的世界里面，没有它不仅无法学习，甚至已经无法生活。我们必须给游戏化正名。

以一种有计划、有方向的方式去获取乐趣的思维叫作游戏化思维。游戏化思维是一种解决现有管理挑战的重要尝试，它与全面质量管理、流程再造、设计思维和任何其他商业管理技术有着同样的传统。游戏化思维和推动了整个人类进步的很多创造同样重要，我们不得不去接触它、认识它。游戏化的要素到底有些什么呢？就是点数、徽章和排行榜。有了这些东西，游戏和生活的界限就会变得模糊，生活就会变得更有意义。

在我们的学习生活里面，我们有没有有意识地引入游戏化思维，而不仅仅是游戏呢？我们学校初中部的老师，在他们的日常实践中就有一些游戏化的管理活动、教学活动和教育活动。其中有“阅读江湖”“背诵比拼”“语文有约”“奖品拍卖行”“勇闯学海，不服来战”，等等。

这些活动，大多数都有积分和徽章等游戏元素。

总结这些游戏化活动时，我们学校的初中学部主任周志英老师给我发了这样一个短信，她说："结合《游戏化思维》一书，我们发现，做得好的活动都是暗合书中理论的，半途而废的活动都是缺失游戏化思维元素的。"我们有些活动半途而废了，为什么？因为没有游戏化思维的元素。有一些活动则一直坚持下来了，因为它们符合了《游戏化思维》一书所说的游戏化元素，符合游戏化思维的原则。如果我们不去简单地排斥游戏，我们就会发现游戏化思维可能会像全面质量管理一样，甚至能更好地提升我们的工作业绩。为什么？因为游戏化思维比全面质量管理更关注人性。顺应人性的改革，会走得更远，会更有生命力。

我们面临着一个什么样的时代，大家的看法可能有很多分歧，但有一点可以达成共识，就是我们身处一个急剧变化的时代，我们必须去应对变化。有一次，当我们在一块儿讨论线上学习的时候，有一位德高望重的语文老教师——他的教学业绩非常好，但没接触过多少线上学习，对此有点儿排斥，他说："允许有游戏化思维的、进行线上学习的老师和学生，但我相信无论到什么时候，也会有陶渊明那样的'悠然见南山'这样一种状态。"会后，我们两个交谈的时候，我说："作为个体，我们每个人都可以'悠然见南山'，但是你要带着你的学生去'悠然见南山'，可他不去，这个时候，你该怎么办？"现在是一个急剧变化的时代，必须顺应变化，应对变化。

在这个急剧变化的时代，我们应该怎么在这个仍被称为学校的地方去耕耘、去创新呢？

谢谢大家！

2015 年 4 月 · 上海

第七讲

危机的学校和繁荣的教育

大家下午好!

在今天这样一个瞬息万变的时代，很多流行的东西让我们应接不暇，甚至眼花缭乱。互联网，特别是谷歌和百度，让很多人的工作发生了改变，甚至失业。

实际上，互联网已经让我们老师部分地失业。当学生面对百度时，他就好比面对了一位全科老师，如果我们老师还只是当知识的搬运工，仅仅教给学生知识，那学生就已经不需要我们了。互联网开创了知识共享的时代，并且开始重新定义老师。

Wi-Fi 带给我们的冲击会更大，它打破了学习的疆界，使学习不仅仅发生在教室里。现在正上小学的这一代孩子，未来他们会有两个世界：一个是现实的世界，另一个是互联网的世界。过去，我们很多人是先在现实世界里互相认识，然后又在网上进一步交往，而这一代孩子有可能首先在网上建立了自己的世界，形成了自己的圈子，然后再在现实的世界里发生交往。所以，现在的很多孩子有时更加看重的甚至不是在现实的世界，而是在网络世界里有没有他的角色、地位、荣耀和空间。他上网不是为了学习，而是为了生活。

这就是 Wi-Fi 带来的一个重大冲击，我们无法回避。

那么，Wi-Fi 会给学校和教育带来什么呢？它正在重新定义学校。有了 APP，学生就不再局限于向老师学习，就不再认为学习必须在学校里、在教室里，在 45 分钟时间里发生，他们可以利用各种碎片化的时间找到最好的“老师”，获取资源。这样一来，教师的角色也在被重新定义。

那么，教师的新角色到底是什么？新一代教师的技能还是那种把课堂搞得很热闹的上公开课的技能吗？既然学校的围墙已经坍塌，那透过围墙进来了什么？我们丢掉了哪些？当围墙坍塌之后，我们抢到新地盘了吗？既然学习的路径越来越复杂，当每一位学生学习的起点、终点和学习过程因为 Wi-Fi 而变得越来越不一样的时候，学生是怎么学习的，我们知道吗？新的教学关系怎么定义？教学的组织形式需不需要改变？

当学生转向网络而不再迷信教师的权威时，学校就必然会出现危机。学生面对着 Wi-Fi、面对着 APP，这带给教师的冲击是历史上从来没有过的。现在的学生越来越有可能和我们的教师、我们的课堂、我们传统的教学方式发生冲突。不过，没关系，即使学校发生危机，教育却注定会繁荣，因为学生学习的通道和方式会更加丰富多彩。

一、教育在空间里，而不仅在教室里

十一学校初一年级每年都组织一个传统的英语学习活动——“英语原声电影配音大赛”，每年老师们都有遗憾，因为很多学生没法展示。在 45 分钟里，只能让几位学生展示，而且也不是所有学生都能参与评判。如果放开让学生展示就会占用过多的时间，学习进度就没法完成。

后来，他们把这个在教室里无法解决的难题移到了网上，形成了一个O2O的英语原声电影配音大赛。学生用“英语趣配音”“配音秀”“英语魔方秀”等编制作品，然后上传到线上的班级群里。这样一来，每位学生的作品就都可以被分享了，每位学生也都可以点赞。这大大开拓了活动空间，使活动不仅仅在教室里发生，而是在一个广阔的空间里发生。

十一学校有一个“京沪异地学生社团”，十一学校的学生和上海一所学校的学生做了一家“联合电视台”，每年都组织很多活动，但是这些学生很多并没有见过面。

前两天，有一位学生组织的成员告诉我说，他们组织了一个跨校参与、持续半年的创意大赛，已经有许多学校的学生参加，形成了一个联盟，希望我能给他们提供一笔奖励的经费——这些学生很多也是从来没有见过面的。

近年来，当我向一些朋友问起某位专家、某位校长、某位老师的时候，他们会告诉我说他们很熟，接下来也往往会说“我们从来没有见过面”——他们只是在同一个微信朋友圈里，在网络空间里他们已经是朋友。

那么，为什么这样的事情不可以在我们的教学中发生呢？

有人说：“地点已死，空间长大。”这里的空间是指电子化创造出来的环境。和地点不一样，空间有无限的维度，不同对象可以以上千种方式、方向相邻。越来越多的活动，包括我们的教育、教学活动都发生在空间里。

美国国防部前副部长林恩提出了要在“第五空间”作战的理论，他说：“五角大楼正式承认了网络空间（第五空间）是战争的新领域……对军事活动而言，如同陆地、海洋、天空和太空一样，它至关重要。”

战争有了“第五空间”，我们的教育有没有“第二空间”呢？

十一学校有一位学生，他特别喜欢在语文老师的学科教室里上自习，但他数学又比较弱，特别渴望能得到数学老师的帮助，特别希望能找数学老师答疑。按照通常的思维方式，我们会让他到数学老师的学科教室里上自习课，这样可以使他非常方便地接受数学老师的指导。但这位学生内心很矛盾，因为他特别喜欢语文学科教室里的氛围，而且他未来的职业方向也更多的是和语文相关，他希望能在语文学科教室里接受更多熏陶。这怎么办呢？这种矛盾可以在空间里得到解决，我们让这位学生在网络空间里和数学老师相遇。

今天，我们到底该如何管理学生的空间呢？

挑战，我们必须进入空间

我们曾对初一、初二的学生做过一个有关空间的调查，其中有一项是了解初中生上学路上在做什么。

当家长送他们上学的时候，这些学生——男生在做什么，女生在做什么？初一学生：听歌，看风景，听广播，睡觉，玩手机；初二学生：看手机视频，听音乐，背诗、背英语单词和古文，看微信、上 QQ，看电子书……

从调查结果来看，不但初一学生和初二学生不一样，而且男生和女生也不同，但有一个趋势非常明显：到初二时，运用手机终端的学生大幅增长。

对这样的变化，我们有相应的应对措施吗？学生用手机终端都在做什么呢？挑战，不仅仅出现在教室里，也出现在空间里，我们必须进入空间，必须移民到网络空间这个领地，和这些网络“原住民们”接触，向他们学习。

说实话，只要跟学生接触，我就会跟他们请教：“你们现在都在用哪些 APP？你们觉得哪些东西更好玩？……”我的很多知识都来自学生，因为我们必须通过他们进入他们的领地。

尽管我们是“移民”，但是我们必须成为能快速融入的好移民。

重新学习表达——空间语言

为了拍照片，我找到痴迷摄影的韩可意同学，结果我们成了好朋友。我们加了微信，通过这种方式我又进入一位又一位学生的微信朋友圈。

有一天，韩可意发了一个朋友圈，他说：“根据画图质量判断 M 老师的讲课速度。”我有点儿奇怪，根据画图质量怎么能够判断老师的讲课速度呢？于是，我就打开了他画的那些笔记，一张一张去分析，最后终于明白了：他记的文字越来越少，说明他来不及记了，也就是说老师讲课的速度正变得越来越快。韩可意是一个非常理性的人，对事情总有自己独立的想法。他对这位老师讲课速度的判断对我来说是一个重要信息，因为这不是他情绪化的宣泄。

后来，他又在微信朋友圈里发了一条微信：“怎样才能不把 MUJI 看成 MIUI？”我不明白，于是对他说：“我对你这个问题很好奇，MUJI 和 MIUI 是什么呢？”他说：“MUJI 是一个日本品牌，就是无印良品。”“那另一个呢？”“是小米手机的用户界面名称。”“是什么让你关心这两个呢？”“我经常把这两个品牌看错。”“你是不是自我嘲讽呢？”“算是吧。”

事后我又看了一下这段对话，发现我的“问题很大”，我没有学会在网络空间里如何和学生进行对话。我就是不断追问、审问，一点儿都不幽默，也不用一些表情，我将线下的表达方式直接搬到了线上。我没有学会网络语言，我必须重新学习表达。

学校的物理空间同样存在很多问题

我们现在将学生玩游戏视为洪水猛兽，但我们知道游戏是什么吗？我们玩过游戏吗？今天学生玩游戏跟我们小时候趴在被窝里看小说不一样吗？那时候家长不允许我们乱看小说，今天我们又盯着孩子不能乱玩游戏。正像书不一定全是健康的一样，游戏也不一定全是健康的，但游戏也有好的用处。美国佛罗里达大学用《星际争霸》来教学生如何管理和决策，加州大学伯克利分校用《三国杀》教学生学习中国文化；十一学校有一位化学老师用《钪的故事》教学生什么是产能过剩，以及地理位置、资源对文明发展的影响。

当我们放弃对空间的管理，没有形成相应的规则时，学生就会以自己愿意和方便的方式在那里生活。其实，在一些物理空间里同样存在这个问题。学生不愿意去大广场，为什么？因为这样的空间对学生没有吸引力。教师和学生在大厅里谈心，学生能敞开心扉吗？我们的物理空间是不是有问题？当教师要给学生答疑的时候，老师们辛苦自不必说，但学校有没有配置可以供学生坐的小圆凳，让学生能够方便地坐下？当我们随意，不去设计时，发生的事情就是随意的。当我们有所设计、有所引导，用设计的思路和眼光去推动空间建设时，也许就会发生一些我们意想不到的东西。

今年暑假，十一学校翻修房子，把食堂改成了学生的学习中心，让食堂变成不仅仅是吃饭的地方。对此，我们有一个诙谐的说法：“学习中心是一个学习的地方，顺便吃饭。”在这样一个重新设计的学习中心里面，怎么样进行空间布局，怎么布局更加适合学生在这个地方学习和活动，对我们而言，都是挑战。

一张餐桌可以使什么发生？现在，我们尝试创设某些角落，来慢慢引导一部分参加竞赛的“学霸”凑在一起吃饭，在另一个角落里引导一批喜欢辩论的孩子聚在一起。当我们在某个区域里挂出屠呦呦的获奖照片时，这个地方就可以吸引关心屠呦呦获奖事件的学生，他们就形成了一个小圈子。

前两天，我在微信朋友圈里看到一个帖子说，培养了屠呦呦的母校——宁波效实中学，办公室里都有备用的椅子，从不见学生站着低头挨训的镜头；办公室门口的长廊上有供学生休息和自习的桌椅，老师可以和学生在那里聊；更私密点儿的还有小办公室，适合“密谈”。尽管我们不能把屠呦呦获奖归因到这一点，但通过这些我们可以看到她的母校是“孩子的学校”。

在十一学校刚建成的技术助力教学中心里，我们在里面设计了一间一间的小房间，每间也就三四平方米。当学生需要安静时就可以在这里躲起来。当然，学生也可以来这里学习。

与教学形态相适应的空间改造

和教学形态相适应的空间改造，已经摆到我们面前。

老师们与学生进行个别谈话时没有足够的地方，于是只好拖着椅子坐到电梯旁边谈话。

给学生摆放的公共电脑都是一样高的，有很多学生匆匆走过来，又匆匆离开。他们不想坐下，但我们没有设计可以站着使用的电脑。

在十一学校的教学楼里有一些供学生休闲的地方，就在走道旁边。但是，这样的安排让老师们心里很不舒服，为什么？学生在那里不是半躺着，就是歪斜着。学生为什么会这样？因为这种设计必然会造成学生出现这种情况。如果想让学生休闲，就应该离走道远些，不要让大家轻易看到；如果想让学生在这里讨论、互相帮助和分享，那就做另外的空间设计。

今天中午在食堂就餐时，我和我们的总务主任讨论，食堂里应该搞一些“面壁”的座位，就是一个人吃饭时可以单独对着墙壁。为什么？有些学生会很劳累，特别想安静，不想在吃饭的时候和别人说话，他需要有这样的空间。还有一些学生有洁癖，如果对面有一位学生和他一边吃饭一边说话，他受不了。所以，我们要为学生提供这样的空间。

上个星期的一天，那天天气特别好，没有雾霾。外教一看天特别好，就决定让学生到校园里去上阅读课，大声地读出自己的心情。这样的空间，我们也要学会利用。教学为什么一定要局限在教室里？但是，当教学进入校园的时候，我们校园的环境设计、资源配置就必须跟上需求。

二、在连接中寻找教育的生产力

要想在空间里扩展我们的教育和教学，还要在连接中寻找生产力。

20 世纪 90 年代，我在山东省高密四中当校长时，用了一个“疑难问题问答卡”，哪位学生有问题就写在问答卡的“问题”一栏上，然后把它放在讲桌上的一个盒子里。这样很多学生就会翻看，他们有两个目的：一种就是想看一看别人有什么问题，是不是自己没有想到的；还有一种就是想解答一下别人解答不了的问题，发现有自己能解答的就拿出来写出答案放到盒子里。这样一个“疑难问题问答卡”，就把很多学生连接了起来。

连接的关键是什么？是供需。在传统的学校里、教室里，在老师和学生的连接中，老师始终是供给方，学生始终是需求方。但我们不知道，学生群体的潜能、学生本身的生产力也是个无限的宝藏。刚参加工作的时候，我就让学生出考试题，然后我从中选出一些题组合成最后的试卷，试卷中的每道题都会写上出题学生的名字。学生解决问题的能力一旦和有需要的学生产生新连接，课堂教学的生产力就会爆发。

十一学校的部分年级曾经做过建立新连接的探索。“走班上课”的学生在初一上学期时，不仅有固定的导师，而且导师相当于班主任。之所以这么做，是因为从不同小学来到十一学校的初一学生，都带着不一样的习惯，特别需要规范言行。有一位老师具体去引导他们很有必要。从初一下学期到初二，我们希望导师能更像导师，要放开学生；到初三要淡化导师角色，尝试不固定导师；到高中就不再固定导师。

为什么？因为一旦固定了导师就固定了连接关系，而我们希望让学生能够更加方便地去跟供给方连接。有些老师特别擅长教给学生学习方法，有些老师特别懂心灵按摩，还有些老师在辩论方面、在社团指导上特别有经验。如果固定导师，学生就会有“心理障碍”，觉得事事都应该去找自己的导师，因为找别的导师不太好。这就成了生产力的障碍。

我们学校高二的汪扬同学，同样是学化学，在有机化学方面他会去找周老师，在物理化学方面他会去找刘老师，在化学竞赛方面他会去找郑老师，他很清楚每位老师各自“牛”在什么地方。再比如，在文学爱好方面他会去找闫老师，但在大学先修方面他会去找兰老师，同样是语文，他找的也不是同一个语文老师。

这样的连接之所以成为可能，与我们给学生提供了多大的空间有关系。

为学生打造方便连接的平台

十一学校高三语文教研组，在所有语文教室门外都挂上了牌子，成为“分诊”教室。比如，这间教室是“思维表达”门诊，那间教室是“文言基础”门诊，等等，这样一来，有某种需要的学生就可以到相应的教室去找老师和同学。当有同样需求的学生走到同一间教室的时候，他们之间就会慢慢建立一种新连接。

十一学校有一个“枣林村书院”，里面有不少有个性的学生。枣林村书院孵化出不少让人意想不到的同伴关系和师生关系。

十一学校的“学生媒体与出版中心”，是为全校学生提供媒体服务的平台。这个地方成了最受学生欢迎的地方。在这里，杨雄老师起了重要作用，他造就了一种氛围，让学生特别愿意去。这个媒体中心孵化出了一大批相互连接的学生自组织。

我们学校的一位政治老师，因为长期在教室里放着点心，结果就吸引了一批嘴馋的学生到教室里来上自习课，后来这些学生建了一个“311文统微信群”，组织了不少活动。老师的点心孵化出微信群，为学生打造了平台。

设计概念，增加连接

要产生新连接，并不总是需要打造平台，通过设计概念也可以实现。

在一个概念下可以生长出学生的自组织和学生之间的连接。比如，我们学校有一个“成长合伙人”的概念——有些学生就比较早地当了“老师”，有些学生比较早地成为同伴的教练。

上个星期，我打滴滴专车到北京南站，在车上跟司机聊天。他其实是北京丰台区一家装修公司的老板，他说：“我揽的活儿基本都是学校的。我雇了一批人，他们帮我搞装修。通常，我上午去工地看看，下午就开专车。不然的话，下午没有事儿会特别无聊。另外，你要是天天盯在工地，工人也会烦你。”装修公司老板和专车司机融为一体，这种连接让他实现了跨界。

我们应该有效利用这种连接，担当更多的角色。

让连接产生动力

如何让连接产生动力呢?

让我两岁多的小孙女吃饭是一件特别难的事儿。在过去，小孩不吃饭的问题我基本都可以解决，我的法宝就是一个“夸”字。我会说:“这个小朋友真好，什么都吃。”大多数小孩禁不住别人的夸奖，通常就什么都吃了。

可是，这一招对我的小孙女不管用。当你向外人夸她“什么都吃”的时候，她会非常冷静地告诉你:“我不是什么都吃。”你跟外人夸她“最喜欢吃健康食品”，当她弄明白什么是健康食品后，她会说:“我不喜欢吃健康食品，我喜欢吃垃圾食品。”

没办法，我们就想了一个办法来调动她的积极性——给她画星，只要她吃饭吃得比较顺利就可以得两颗星，但效果并不理想。后来我们就想到了连接。亲戚家有一个比她大一点儿的孩子，我们就让她每天吃饭时给对方打电话，问那个孩子吃饭的情况怎么样。我们还在餐桌旁边的墙上贴了一张他们两个人的星级评定榜。一看这个哥哥表现很好，得了四颗星，她就开始认真起来。经过一段时间，他们获得的星就差不多了。这就是连接带来的动力。

上个星期，一个小朋友做了一个电子音乐盒，到十一学校交给了崔永元老师。

一年前，这个小朋友去参观崔老师的博物馆，爱上了一个电子音乐盒。崔老师看他很喜欢就决定送给他，小朋友很高兴。崔老师提了个条件:“送给你可以，但你必须在一年之后做一个新的音乐盒交给博物馆。”这样一来，小朋友虽然感觉有点儿为难，但还是答应了。临走时崔老师说:“这件事需要签协议。”听后，小朋友就退缩了，考虑了半天后说“不想要了”。最后，在爸爸的动员下，小朋友虽然感觉压力很大但还是签了协议。

带着协议复印件回家后，小朋友很纠结，光考虑设计就花了两个月，最后决定设计成金字塔状。为了制作，又在中关村一家木工培训班学习了两个月。在制作过程中，因为各种困难有两三次想退缩不做了，有一次甚至想从网上买一个，但最后他还是战胜了自己，最终自己做好了一个，他非常高兴地将它交给了崔老师。

他为什么会有这样的动力？因为他和崔老师建立了一种新连接，自己能和崔老师连在一起，他感觉特别有分量。

建立更长的连接

十一学校的学生刘健，初一时就“身怀绝技”。看到学校教学区有很多公用电脑，他就搞破坏，开发了一种病毒软件给装上。看到同学们在使用时电脑瘫痪，杀毒软件、电教老师都无能为力，他就特别有成就感。

后来，学校枣林村书院把他“招安”了，给他配了很好的电脑让他开发产品，结果他开发出一系列产品。去年冬天的一天，他来敲我办公室的门，说他被列入了国家“中学生科技创新后备人才培养计划（英才计划）”，请我在表上签字。其实，这个表并不需要我签字，他到教导处盖个章就可以了，但他一定要找我签字，他要显摆一下自己的成绩。

于是，我就送给他一本《创新者的基因》，并写下了一句话：“在发现自我的道路上发现世界。”把书送给他时，我突然想起来应该留下一张照片，于是，我开玩笑说：“我必须留下痕迹，当你有一天获得诺贝尔奖的时候，我要拿出来显摆一下。”我是想逗他笑，但他没有笑，他认为自己真的能获奖。当我拿出手机拍照时，他笑了，说：“老师，拍照片还用两只手吗？”我说：“那怎么办？”他说：“你大拇指按的那个音量键，拍照时就是开关键。”

这次我们建立连接后，我想跟他建立更长的连接。前两天，我发现他新设计了一款蓝牙音箱，于是我就和教导处的老师商量，能不能组织一次拍卖活动，不管多少钱，我都想买下。通过参加竞拍，我买下他设计的这款音箱，相信我们会建立更长的连接。

建立更好的连接

在十一学校艺术馆的走廊上挂着很多学生作品，它们安静地待在那里，只有上艺术课的学生路过这里时才能看到。这些作者的同伴，甚至他们的老师，也很难有机会看到。

怎么样让这些作品发挥更大的效力呢？

我们就把它们送到作者的身边，让它和别的人，特别是和这些作者关系密切的人建立连接。有的作品被挂到了数学老师潘国双老师办公桌的上方，有的作品被挂到了电梯旁边……

当很多教学区的公共区域都挂上了学生作品的时候，这些作品就和作者身边最亲密的人建立了连接。这种连接会让作者产生成就感，产生新动力。

设计各种连接

连接会自然发生，但更需要设计，因为我们是学校，我们是在做教育。教育是需要设计的，不仅仅表现在我们的学科备课上。

十一学校的教导处设计了一个“学长有约”活动，让学生跨年级建立连接，让已经毕业的学生与在校生建立连接。学生又往前走了一步，建立了“学长联盟”。学校也正在研究怎么把更多有关学生的数据进行连接、整合，把学生的学业成绩、身体状况、体育运动、就餐、过程性评价和使用 APP 的情况等一系列数据连接起来。这样，我们对学生的分析、判断就不再仅仅是靠经验了。有人说："数据是新时代的石油，是产生能量、产生动力的物品。"

作为老师，我们的角色要怎么转变？我们应该做蜘蛛，帮学生建立纵横交错的连接。

史建筑老师刚接手的高一班级有位学生叫李昊，这位学生理科成绩特别优秀，但就是不喜欢阅读和写作，作文比较弱。史老师想了很多办法但都效果不佳。有一天，他想起当年参加高考的另一所学校也有一名叫李昊的学生，高考作文特别突出，考上了北京大学。史老师就找到那所学校里李昊当时的语文老师，要了李昊的五篇作文卷子然后交给了自己班上的李昊——两个李昊建立了连接。史老师的这一做法让他班上的李昊很感动，都不好意思不学好语文了。

平平常常的一块白板可以连接什么？在一位数学老师的教室里有六块白板，每块白板都是为不同学生准备的。这块白板是为了这六位学生，那块白板是为了那八位学生……这些白板甚至吸引了其他班的学生。教室里、走廊上的一块块白板、一张张海报，为学生提供了各种连接。

连接必须软硬适度

过去，在校园里发生的连接更多是偶然的，有点儿随意，而且更多是依靠学生间的情感——他们来自同一所学校，他们的家长之间有联系，等等。

这样的连接很好，但当我们为学生设计连接时，仅从情感上切入就太单薄了，我们希望能有更多学术性的设计把学生吸引到一块儿，让他们建立连接，慢慢培养情感。只有这样的连接，才更有可能使他们在未来走上同一条事业之路或学术大道，他们才更有可能共同走进同一家公司、同一家实验室或共同创业。

要特别注意的是，连接不能变成行政行为，连接必须软硬适度。你硬去连接，把它当作学校的一种行政行为就会出问题。就像一些房产中介那样，现在走在路上都不敢从他们门前过，因为他们会和你硬连接，他们会坚持给你发广告单。我们的老师和学校过去的一些做法就有点儿像这种硬连接，所以有时候学生会很烦。我们必须学会进行软连接。

十一学校每周会出一张“校长推荐”海报——有时是一小段精炼的文字，有时是一首诗，有时是一个小故事。有人说：“出这么一张海报，能有多少人看？不如在升旗仪式上讲，让更多学生知道。”我说：“它能影响一位学生，我们就赢了，他随意间瞟一眼也就够了。”教育来不得硬的，要潜移默化地进行。

从沟通到连接

有一本书《连接：每个人都在沟通，但很少人在连接》，说的是怎样把沟通变成连接。

有十几位学生都配了我办公室的钥匙，一把钥匙使我跟很多学生建立起亲密的连接。上星期，一个已经本科毕业要到日本东京大学留学的学生来找我，他是那些有我办公室钥匙的学生之一，中午他要我请他吃饭。一把钥匙连接了我们七年。更让我感到欣慰的是，一直到现在他遇事都愿意找我商量，共同探讨。因为他要到东京大学去读研究生，所以就又来找我交流。

十一学校有一个“校长有约，共进午餐”活动，这是一种很好的沟通方式。这种沟通很随意，学生能说真话。但怎么把这种沟通变成连接是个问题。有些学生特别想和我建立经常的连接，但是他们非常无奈地说：“校长，我们也不可能每周跟你共进午餐。”怎么和他们连接呢？我们正在开发校长办公室藏书借书卡。看上去是学生找我借书，实际上是我想和学生建立连接。这种随意的、不经意的连接，能使我更加了解学生，更加清楚他们的需求，从而调整学校的管理措施。

三、从指挥大合唱到辅导独唱、领导交响乐

一场“自找麻烦”的教育改革

十一学校进行了一场“自找麻烦”的教育改革：通过改革，你会发现对学生的个别化投入越大，学生个别化的需求就越大；师生知识的等距让教师角色迷失；在平等的校园里，老师和学校丧失了传统的教育权威；不育人已经无法教书。

过去，一位数学老师发现某位学生有三次没交作业，会将这位学生交给班主任；语文老师发现某位学生始终改不了书写潦草的习惯，也会把这位学生交给班主任。今天，你已经交不出去了，因为没有班主任了，他即便已经六次没交作业也得靠数学老师自己去解决。怎么解决？必须用心，必须真切地了解这位学生的需要，必须分析背后的原因，必须跟家长接触，必须了解他和同伴是什么关系。十一学校老师的工作量更多增加在育人环节上，而不是教书上。

赵蓓老师的地理教学班上的一个孩子，要进高二的时候，她的爸爸妈妈离婚了。这个女孩情绪很不好，但她不需要太多安慰，只需要老师陪着。赵老师天天在教室里陪着她，陪了两年，直到她走出情感的危机。现在，这个孩子发展得非常好。所以，赵老师说：“陪着就是教育。”

年轻的化学老师郑弢教学班上的一位学生有胃病，不能进行剧烈锻

炼。郑老师就在放学后陪着他走回家，一陪就是一个学期。

十一学校有一个传统的音乐剧《美女与野兽》，所有道具和服装都是师生自己制作的。为了搭建剧中的小木屋，老师和学生用了两个月。服装也全是师生一针一线做的，面料也是自己染的，熨烫、锁边、机缝、手缝、胶粘、喷漆、整理、造型，都是学生做的。

他们仅仅是在上戏剧课吗？只从制作服装的情况来看，他们就学到了很多书本上没有的有关面料、扎染、排料等生物的、化学的知识，还养成了坚持到底的毅力、责任感、能动性、敢想能做、善于观察、敢于尝试、善始善终等一系列品格。这是在上艺术课，还是在进行德育呢？

长期以来，我们内心一直很纠结：把教学抓住了就影响德育，德育活动多了教学就受影响。现在，我们认为教学与德育是一回事。为此，我也曾经走过很多弯路。在山东省高密四中的时候，我曾经为纠正学生书写不规范而推行过“一日百字硬笔书法练习卡”，结果不到一个星期就消亡了。

为什么？你在做语文作业、写作文时，在做数学题时，不认真，却另外拿时间去练书法，这能行吗？规范地书写要落实在每天的作业里，不能另外做些事儿去渗透。这是因为我们没有想清楚学科在育人上的作用。其实，德育就在学科里，当把教育和教学分开时，所谓德育也就一定会是低效的。

没有行政班的挑战

当我们第一次尝试“走班上课”时，老师和学生都很纠结。

运动会怎么开？过去，我们有各种各样的运动会，学生很高兴，今天没有行政班了，于是我们就有了“体育季”。在一段时间里，每天下午都有比赛，每天下午都有项目，全部由学生自己申报参加。开始时学生特别不习惯，为什么？因为他们过去是“为别人看而运动”，现在他们需要学会为自己奔跑，为自己的人生积累体能。

没有行政班，年级活动如何开展？初一年级老师们的创意非常好，他们把这个年级所有学生的名字都装在了一辆虚拟的列车上，每个车厢里装着不同的孩子。通过这种方式，学生建立了新连接，他们每个人既是独立的个体，同时又都是同一列车上的旅客。年级主任刘伟告诉我：“初一刚开始时，主题叫‘向梦想出发’。为了体现仪式感，还给每位学生都做了一张车票。”我期待这个创意下一步能和未来发生连接，让它产生更大的能量。

经常有很多朋友问我：“你们没有班主任，学生怎么办，他们不会感到茫然失措吗？”这个问题问得特别好。我们没有深入去研究，总体感觉没有太大的问题，但也隐隐感觉有些学生还是有问题的。下一步，我们想在这个点上开发一个“学生素养模型指标”，以帮助老师从不同的维度、不同的层次去理解学生的言行。

从指挥大合唱到辅导独唱、领导交响乐

过去，我们习惯的指挥大合唱的方式，能够复制到辅导独唱上去吗？我们的老师会辅导独唱吗？

不用说辅导独唱，当我们的教学班变小了时，我们都有点手足无措。我曾经带过一个有21名学生的“管理学与领导力”选修课教学班，结果发现面对这样一个群体，如果还使用教50位学生的逻辑就会很滑稽，我只好采用更多元的方式。后来，有些学生想了很多理由插班进来，班里变成有30多人了，这时再用只有21位学生的沟通方式就不行了——没法关注到一位一位的学生。

周浩同学来到十一学校读初一时，他的英语水平已经相当高了，雅思已考过7分，做高考题考140分也没问题，但他还要在学校待六年。他的英语水平上英国的剑桥大学、牛津大学已经没有语言上的障碍。这样的学生继续待在我们的英语教学班里还行吗？肯定不行。对这样的学生，应该怎么办？所以，导师需要会诊这位学生的自主学习经历和个性化需求，为他订制个性化的课程，而且要跟踪他、诊断他，这是一个长期任务。

有名初中学生对物理老师宋新国提了一个要求，他说："老师，你对我们的学习过程千万不要事事都管，要让我们自己折腾，即使错了你也不要马上告诉我们。"还提了一个要求也特别有意思："我们拒绝你使用陈述句，你必须使用疑问句和反问句。"学生是喜欢回答问题的。好课的因素有若干个，但有一个因素是永远都离不了的，就是问题设计，问题设计推动课堂进展、推动课堂走向深入。

孩子天生就喜欢回答问题。有个两岁半的小女孩，一天，她姑姑见到她时，特别希望她能喊一声"姑姑"。但小女孩一点儿都不理睬，她姑姑非常机智，说："你想一想我叫什么名字？"小女孩就说："你叫姑姑。"你问她问题，她就理你了。所以，老师在课堂上一定要少使用陈述句。

从教案到学案，再到学程

《可见的学习》这本书，我看后内心受到巨大冲击。过去，我们从没想过要看见学生是怎么学习的。怎么去了解一位一位学生的学习路径，并把这些不一样的路径梳理出来让它们显性化，难度很大，但不这样做就存在巨大风险。过去我们靠教案、靠学案，现在我们必须靠学程，我们必须管理一个一个、一类一类学生的学程。只有这样，我们才知道教师的教，应该在哪一个环节上发挥作用。

以英语26个字母的学习为例，老师们会认为每位学生学习26个字母时都是一样规规矩矩、按部就班地学习的。事实不是这样。有些学生这样学习，有些学生那样学习，有些学生甚至都不清楚自己是怎么学习的。面对完全不一样的学习路径、不同的学程，我们到底怎么做才能有所作为呢？

关于学程，可以从几个方面理解：同样的课程内容需要设置不同的进度、不同的学习方式；学生的学习起点和路径不同，教学组织方式、管理、评价也必须顺应；应根据每位学生全学科学习的状况，帮助他们进行信息整合；对不同的学程，教师要思考如何形成相对成熟的介入方式。

十一学校有一位学生化学很好，一般的化学知识他不需要再学习了，因此，和其他同学不一样，他在化学课上学的是物理。未来他也不想从事和化学有关的职业，因为他特别热爱的是物理。化学老师鼓励他学好物理，在化学课上可以不学化学了，但又没有允许他到教室之外去自学，学生自己也不同意，这是为什么呢？

这是因为在他的化学学习过程中，老师发现了他的问题：深度思维不够。他的化学水平参加高考没问题，但不能很好地应对深度学习，因为他的思维品质有问题。因此，他在学习物理Ⅳ时遇到了很大困难，以至于有一段时间他都想放弃物理Ⅳ的学习。但教他化学的老师没有让他这么做，而是帮他分析问题——问题出在深度学习上，学习深度不够。

怎么用化学课帮助这位学生学好深度的物理呢？老师为此开发了一个项目——让他负责解答同学们在化学学习中遇到的难题，以培养他深度思考的品质。在化学课上，他可以不听课，一般的作业也不用做，但同学们有疑难问题时他得负责解决。在化学课上，化学老师用这种办法帮助一个特别的学生学好物理。

我们推进了个别教学、个性化辅导，但这往往会使老师面对大量重复的辅导。怎么办？老师们创造了一些让每位学生在需要帮助时都能够随时随地、不用排队找到“老师”的方式——网络微课。老师在辅导的过程中，如果发现了共性问题，就可以把这个问题发到大家所在的微信群里，学生就可以用手机查看。

怎样才能让老师成功实现从指挥大合唱，到辅导独唱，再到领导交响乐的转变呢？在交响乐中，每个人用着不同的乐器，他们有着不一样的优势，他们在不同的空间里发出不同的声音。如何让老师适应这些不同声部的学生呢？

一是要找到每个学科的核心素养。要弄清楚一个学科最有利于培养学生的哪些素养，这些素养和人的核心素养要能够对接。

二是要提取教师的教学策略。过去，我们都是靠各自的经验来教，现在我们要把这些经验和策略一一梳理、抽象、提取出来，这样不仅能帮助自己不断提升和深化，也会影响身边的人，方便他们传播和嫁接。

三是要设计学生使用的工具和脚手架。过去，在研究教学策略的时候，我们更多考虑的是教的方法和技巧，而疏于给学生提供推动他们自主学习的工具、技巧和脚手架。

四是要梳理不同学生不同的学习路径。

五是一定要从教师经验的富矿里去挖掘。

此外，定期培训和精准荐书也是很重要的。十一学校定期有技术助力课堂的培训，老师们可以根据各自的需要选择性地参加。我们也一直在了解、研究老师们需要读什么书，以便精准地给他们提供书目。

四、营造生态而非构筑道路

有所不为，涵养生态

怎么样有所不为、涵养学校的生态，怎么样在更大程度上留白，这是管理的境界。

可以肯定地说，在大部分学校里，管理者都做得太多了。管理者给下属设计好了一条条路径，给他们提供了一种种方法，造成的结果就是他们的创造力没了。

在学校里，房子、设备这些可称作“一级硬件”。学校治理结构、教师和课程这三个要素，我称它们为“二级硬件”。这些需要学校全力去做。这三个二级硬件两两相遇，会产生新的东西，也就是我们说的教育生态。当治理结构和教师发生对接的时候，我们希望能激发出教师的教育创新力，形成一个鼓励老师们百花齐放的生态。当治理结构和课程相遇的时候，我们希望能产生出学生个性化成长系统。当教师和课程发生关联的时候，我们希望能在校园里产生支持学生学习的、多元化的生态系统。当然，这一切必须以学生为中心，在与学生的互动中产生。（见图 7–1）

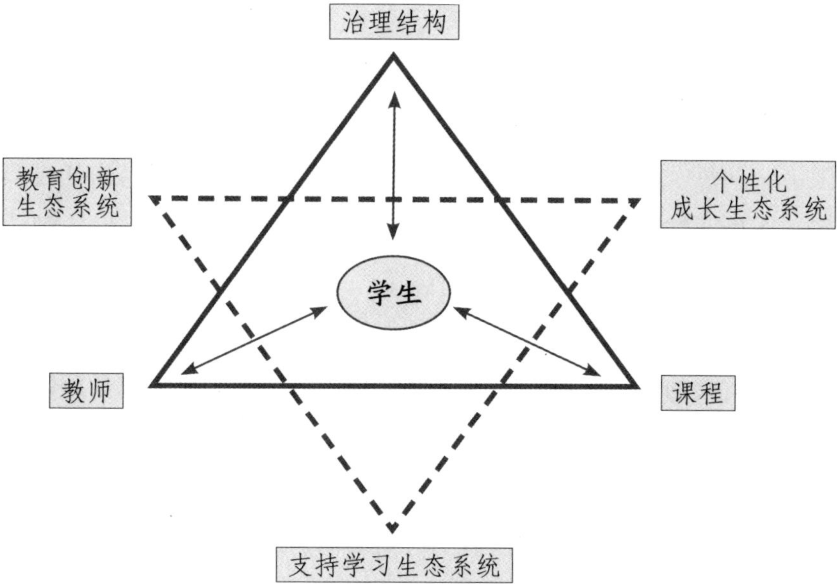

图 7-1：生长性学校结构图

只要把这三个二级硬件做好了，就应从容淡定、学会等待，等待来自老师和学生的创新。在各种场合里，我听到校长们谈了很多很细的设计，这个时间必须干什么、那个月必须搞什么活动，等等。如此设计做了很多，但做多了就很容易破坏教育生态。我们往往回避治理结构的构建、改造，回避课程的开发，甚至回避教师的建设。如果你的精力偏移到图 7-1 虚线构成的三角时，学校就会离良好的生态越来越远。

学校一定要有一个由多元主体构成的治理结构。我们应该把学校的各种权力梳理一下，把它们分别装进不同的笼子里——不同的权力要归属不同的治理主体，而且拥有笼子的人不能同时也拿着笼子的钥匙，钥匙要由别人拿着。比如，十一学校的教职工代表大会是学校的多元治理结构的主体之一，它决定学校章程，决定学校行动纲要，决定各种人事、分配制度，它的权力很大。但是，在这些方案通过后，校长根据国家政策的变化、环境的变化，有权力提请某些政策暂缓执行，并在下一次教职工代表大会时提请修订。所以，制约教职工代表大会的钥匙在校长手上。校长有他的行政权力，学校的行政决策归校长，但校长的权力不能无限膨胀。每个年度的教职工代表大会要对校长进行无记名信任投票，当场公布投票结果，票数达不到规定要求，校长就要“下课”。制约校长的钥匙在教职工代表大会手上。

十一学校的学术委员会权力也挺大的，由三位老师轮值做主席，整个学术委员会的成员里没有一位干部。学术委员会的权力包括评定老师的职称，推荐北京市海淀区的学科带头人、骨干教师，设立、评价和管理名师工作室，以及负责学术科研经费的招投标等。但是，制约这个委员会权力的钥匙在校务委员会手上。如果他们的最终决策引起了很多老师的不满，校务委员会有权提请他们重新审议。只是如果第二次审议的结果和原来的一样，校务委员会就自动丧失再次提请审议的权力。今年十一学校的职称评定结果，我和老师们是同一时间在网上看到的。

为了应对移动互联网时代，很多学校非常努力，手段硬，措施多，有的在全校推广慕课，有的在全体老师中推行“翻转课堂”。对此，我并不赞同。为什么？因为学校要做的，是营造一种生态，而不是要求每个人都参加翻转课堂。有些老师的课不翻转很好，为什么一定要翻转呢？

学校里的学术生态和课堂生态怎么样才能百花齐放，如何应对移动互联时代，我觉得学校做好两件事就够了：一个是提供强大的 Wi-Fi；二是允许学生自带设备，学生在课堂上可以使用智能手机、平板电脑、笔记本电脑等。做好了这两件事，来自老师和学生的创新挡也挡不住。

还有一个重要的问题是，怎么让价值观通过制度和行动落地。没有好的价值观，学校就不可能有好的生态。当我们希望把学校办成滴水不漏、完美无缺的学校时，当我们想把学生培养成没有缺点的学生时，我们就会焦虑，就会寝食不安。所以，我们提出来：“要办一所不完美的学校，培养一批有缺点的学生。”我们想告诉大家的是：十一学校不完美，它永远也不会完美，它就在不完美的生态里慢慢往前走。学生没有缺点可能吗？有了这样一种心态，就会有好的学生观，但仅仅这样说是不管用的，机制必须配套。如果评价行政班时还是靠打分，这个班比那个班高十分就是优秀，低十分就不是优秀，老师们会有从容、淡定的心态吗？如果没有一定的制度，我们必然就会盯着学生的问题不放。如果我们评价一个年级的八位数学老师，按照各自的成绩给他们排名次，老师们能从容、淡定吗？必须评价团队，大家才会选择合作，才能有互相帮忙的生态。

有时候我问老师、年级主任："我们最大的问题是什么？"经常会得到这样一些回答：学生玩游戏、乱扔垃圾、说脏话，等等。我觉得这些问题是学校里一定会出现的，学生如果不出现这样、那样的问题，还需要老师吗？其实，我们最大的问题在我们本身：我们有没有给学生提供潜能得到发现、特长得到彰显的平台？我们的课堂和作业有没有吸引力？……所以，我们正在归总各个年级学生应该出现的问题。过去，我们都是凭经验，老教师会告诉青年教师说："初一会出现这些问题。"现在，我们要把它们显性化。比如，初一学生在学习时"一定会出现"什么问题，"一定会出现"就意味着不必大惊小怪。比如，刚到十一学校的初一学生通常会去挤电梯，为什么？因为大部分小学是不允许学生坐电梯的，而到十一学校后可以像老师一样坐电梯了。这是很正常的，过个半年时间就好了。打饭时不排队也是初一新生爱干的，因为在小学里都是有老师维持秩序的。所以，每年的 9 月和 10 月，我收到最多的短信就是初二学生告状的："校长，管一管这些初一的小屁孩吧，他们不是挤电梯就是不排队。"我的回复通常是："你们一年前不也这样吗？"是教育，是氛围，是年龄让他们变了。相应地，初二的学生一定会出现另外的问题，比如，特别爱穿"奇装异服"，即使规定必须穿校服，但总有个别学生会想尽办法换一换，实在换不了就露个领子、露个袖子。这些都是很正常的问题，没必要对此大惊小怪。

让基层组织强壮起来

营造好的生态，我们还需要做的一件事，就是让基层组织强壮起来。一所学校只考虑学校怎么变强大，没用，只有让每个最基层的、离学生最近的、离老师最近的组织强壮起来，学校才会持续发展、才会有创造力。

怎么让离学生最近的教研组、课程组、年级强壮起来呢？答案是“构建联盟关系”。在十一学校里，年级跟学校是一种联盟关系，不是上下级关系。年级的权力跟校长的权力是不搭界的，校长不能侵入年级的“势力范围”。比如，在人事方面，校长管的是确定每个年级的编制和工资总量的级别，这个由校务委员会确定后，需要校长签字。但每个年级和老师进行双向选择的时候，聘哪位老师、不聘哪位老师、哪位老师什么工资待遇，校长没有任何权力干涉，且不得暗示、影响。

一个组织因为要分工，所以才分层。但是我们分了层级之后，我们却没有相应的配套机制去分工，处在最高层的管理者什么事都可以管，这会让下属丧失主动性。构建联盟关系的一个要害叫分权，其实这也是管理的要害，不会分权就不会管理。如何分权？两个关键。第一个是人事权。想用谁、不用谁，要最大限度地授权给他。第二个是预算。这个年级、那个学科、某个课程组，明年要做什么事，应由他们自己列出预算。如果你在更高层次列预算，基层就感受不到自己的权力。所以，我们通常会用三个月的时间来制定第二年的预算。这看上去是在列预算，其实是在研究明年的工作。比如，数学 I 的开发，明年的思路是什么，要整合什么资源，要请什么专家、参加什么会议，想清楚了吗？音乐剧《歌舞青春》的服装情况如何，到哪里演出，想清楚了吗？必须想清楚，想不清楚就不会有预算。基层有了自己的预算，校长签完字放到网上后，每个小组织按照预算去开支，然后签字去财务报销就行了，这样大家也会更主动地去工作。

要涵养生态，还要有对知识产权的保护。为什么老师面对面办公，却还分别制作 PPT、分别设计考试题？两所学校就隔着一条马路，互相之间为什么还搞封闭？这是因为我们没有对知识产权进行保护的措施。所以，在校内怎么推进学术智慧的分享，怎么给产生知识和智慧的老师以荣耀、版权和报酬，需要机制来推动，这是我们下一步努力的方向。

最后，我想跟大家分享一个故事。

猴子想变成人，它知道要变成人必须先砍掉尾巴，于是，它决定砍掉自己的尾巴。但在动手的时候，它却被三件事困住了。第一，砍尾巴时会不会很疼呢（改变是有一定痛苦的）？第二，砍了以后，身体还能不能保持灵活性（改变注定会有一定的风险）？第三，活了这么久了，一直都跟它在一起，跟了很多年了，不忍心抛弃它（改变在情感上会有些许难受）。

于是，猴子直到今天也没有变成人，因为要成就一些事就必须舍弃另一些事。舍不得你所拥有的，就得不到更好的。现在，我们的学校的确需要改变，但是，首先想的应该是要舍弃哪些。

谢谢大家！

2015 年 10 月 · 北京

第八讲

从单位到社区

大家上午好！

最近，我在读一本书——《重新定义管理：合弄制改变世界》。里面有一个观点：研究显示，城市规模每扩大一倍，人均创新力或生产力提升15%。然而，企业员工的创新力或生产力却随着企业规模的增大而降低。在学校里，我有特别深切的感受，那是因为一个企业、一所学校往往是控制型的。作为一个组织，它是由一个一个层级构成的。而一个城市往往是由一个一个社区组成的，每个人或者每个家庭都是一个自我组织。

英国的管理学家汉迪有一句话，他说，一个公司应当就是一个社区，一个人人都是其中一分子的团体，就像一个村子一样，村子不属于任何人。你只要是村子里的一员，你就拥有权利。员工也不再单纯是员工，而是社区公民，他们有自己的权利，其中也包括了分享自己所创造的利润的权利。

梳理一下北京十一学校最近这些年在学校治理领域里的工作，从根本说我们只做了一件事。就是努力把一所学校这样一个控制型的、科层制的组织，变成一个由有相对自主管理权的个体和小组织组成的社区。

一、去中心化，构建联盟关系

马里兰大学前任校长莫特博士有一句调侃的话，他说："当校长好比当墓地管理员，下边虽然有很多人，可是没人听你的。"我曾经在马里兰大学待过，学校给人的感觉非常好。一个校长能这样调侃自己很不容易，特别是能不把自己当成一所学校的中心人物，更不容易，因为一个组织的天性就是控制。

组织内为什么要分层呢？因为要分工。但在分工之后我们却没有分权，上管天，下管地，中间还要管空气，就成为校长的重要责任。我们还特别喜欢与下属签责任状，但是签完了责任状，却忘了分给他权力。

在十一学校里，我们怎么去理清权力的边界呢？学校的权力、年级的权力、学科的权力和教师的权力，它们的边界在哪里呢？

举个例子，像在教育、教学上，校长权力的边界在哪里呢？在十一学校里，校长只能确定学校的课程方案，明确教育、教学的价值观，确定评价方案。不允许他干的是什么呢？不得拿出一种教学模式或者借鉴一种教学方法，在学科上、在老师那里、在课堂里强行推行。这是在学校章程里明确规定的、校长不具备的权力。在财务方面，校长的权力是什么呢？是领导各个年级、各个部门、各个组织来编制预算，批准预算，然后监督预算。每年，我们会请会计师事务所来学校进行两次审计，这是校长的权力。但预算编制完了，公布到学校的网上，在执行预算的过程中各个部门、各个年级、各个岗位的老师自己签字后，就可以找财务报销，无须校长批准。

学术领域也是这样。一个学科有学科主任，有年级的教研组长，有课程首席教师，他们之间也要理清权力边界。如果理不清，他们也就无法有效开展工作，更无法创新。在理清权力边界时，有一个要害，那就是预算的分解。一定要把预算分解下去，让每个课程知道明年在课程建设上到底要做什么，让每个学科都清楚明年到底要花多少钱，要把校长的预算、学校的预算变成每一个部门、每一个岗位的预算。同时，项目负责人必须有权力组建他的团队，在用人上实现双向选择。

二、扁平化，让供需有效连接

在一般的单位里，中层的组织、干部通常过多，扁平化就是去中层化。十一学校把所有的中层部门都变成了职能部门，它们不再是管理部门。中层部门没有权力召开教师会议；所有副校长都不再分管任何一个领域，因为他分管任何一个领域，就会重视这个领域，而不一定重视学生，而且他会没完没了地要求老师来开会，所以，十一学校的副校长都兼任年级主任。这样学校层面的会议就很少了，而且老师可以自愿参加。

在学生选课的过程中，因为学校没有行政部门，也没有班主任，于是我们就给每位学生配了一名导师。在实践中，我们发现这样还不够扁平化。教育也必须实现扁平化，师生的交往也必须实现扁平化。一旦固定一位导师，这位学生就会什么事都去找这位导师来解决。

有些学生其实非常清楚自己的情况。比如，有关人生规划、职业规划的，找袁老师比较好；有关学习方法指导方面的，找朱老师比较好；有关心理方面的，找邵老师比较好；但碍于他的导师是李老师，他就会不好意思去找其他老师。同时，其他老师也会觉得，自己去辅导别人的学生不合适。如此，就会对师生交往构成隔离。所以，现在的十一学校不再给学生设固定导师。

比如，我们学校有一名高二学生，具体到化学这个学科，他自己就很清楚，有机化学方面的问题他会去找周老师，物理化学方面的问题他会去找刘老师，化学竞赛方面的事儿他则会去找郑老师。

在教学关系方面，十一学校的老师也进行了探索，对教室进行分区，学生自主选择学习区域。老师把相应的黑板、白板、绿板配备到相应区域，以实现教学资源对学生的扁平化。

有了 Wi-Fi 后，学校允许学生带手机、带电脑、带 iPad 进教室，这样就实现了学生使用 APP 的扁平化。

十一学校有一名高一学生，是理科“学霸”，但他的写作特别弱。他的语文老师发现，在今年的高考考生中有一名和他重名的学生语文考得特别好；于是，这位语文老师就找到那位学生的老师，要了那名学生在高中时写的五篇作文，送给我们这位理科“学霸”学习。这名学生很感动，一下子爆发出学习语文的积极性。在这个过程中，老师没教他具体知识，只是给他建立了连接。

过去，我们把老师比喻为桑蚕、铺路石、蜡烛，都有道理，但今天我们老师还要当蜘蛛，帮助学生建立连接。

十一学校每天中午都有一个校级干部和相约的学生共进午餐的活动，我排在星期一。这个共进午餐活动表面上是一个放松性的沟通，其实最终目的是为了建立连接。我曾经做过统计，给我发短信，给我提要求，与我建立更多联系的往往是那些跟我一块儿共进过午餐的学生。每年学校会有 300 多名学生跟我共进午餐。这种连接，在扁平化的时代就会产生真正的影响力。现在，我把我办公室里的藏书向学生开放借阅。这么做不仅仅是为了借书给学生，更是为了和学生建立扁平化的连接。我打算把我家里的藏书也借给学生，叫学生到我家里去借书，这样你对学生的教育影响力就大不一样了。

有人说，爱不是动词，不是名词，而是连词。

三、完善治理结构，有所不为

十一学校教师职称的评定工作由学校的学术委员会负责。我和学校的老师一样，是在同一时间在网上看到的公示。学校的职称评定、骨干推荐，学校科研经费的投招标，名师工作室的设立、管理和撤销，最终的决定权都在学术委员会。这是学校章程规定的，校长也无权更改最终结果。

十一学校的教职工代表大会，对每个事关学校重大方针、政策的文件都会进行无记名投票，当场公布结果。我们教职工代表大会每年都大约开两个月，这么做能确保学校安全运行。

十一学校每年都举行高三学生的成人礼，所有策划案都来自学生。学生在各个领域中都拥有属于他们自己的相应权力。

我想说的是，校长不要把自己太当回事。你没有那么大的能力，在很多领域里你真的应该把权力交出去，而且那些权力和责任本来就是他们的。你交出去了，他们也就会和你一块儿分担责任。

十一学校的治理主体有六个：教职工代表大会、校务委员会、党组织、学术委员会、学代会和教师家长委员会。学校章程明确规定了它们各自的权力，它们也有权力边界。

四、不奢望统一思想，要致力于统一目标

如果我们能把所有人的思想统一起来，我们怎么还能够创新？这些年，来十一学校考察的朋友比较多，他们通常都会问我一个问题：“你们这么大的改革，是怎么给老师洗脑的？”我一听到这个就害怕：第一，你怎么能这样侵犯人格？第二，你能够做到给别人洗脑吗？第三，你真的给人洗了脑后，你不是孤立无援了吗？所以，我们不要去统一思想，而是要统一目标。

在学校里，我们应该管什么，不该管什么？我想，有三个工作是学校必须致力去做的：学校的治理结构、多元的课程和有着多层次需求的教师。但有些是学校层面不能做的，必须叫它自由生长。哪些东西能自由生长呢？就是个性化的成长生态、个性化的学习支持系统和教师在课堂里的创新。当我们放弃管控那些不该介入的领地，并致力于把学校应该做的三个方面做实的时候，大量的创新就会在学校里发生。在这里面，存在丰富的互动过程，所有的互动都围绕学生这个中心。正是学生带动着其他要素，使学校里不断产生创新。

谢谢大家！

2016 年 1 月 · 北京

| 第九讲 |

从世界观到方法论

大家下午好！

看了《数字故事》这个视频，刚才有很多校长朋友跟我说："看完了感觉热血沸腾，但回去后又不知道该怎么办。"我说："这就对了，因为这个视频希望告诉大家的是价值观而不是方法论。"

在现实中，怎么理清世界观和方法论的关系，怎么把价值观落实到方法论，是挺难的事儿。

取消副校长分管制，是扩大权力？

有的学校取消副校长分管制，让副校长直接当年级主任，不再分管人事、财务、招生，有些校长觉得这样挺好。为什么？因为这扩大了校长的权力。如果我们定位到这样的价值观上，肯定就会出问题。

取消副校长分管制是为了有利于工作，是为了让副校长发挥更重要的作用，是为了减少管理层级，让下面的信息和需求能够及时、快捷地上传到决策层级。另外，有学校提倡书记、校长由一人兼任，也绝对不是为了强化校长的权力，而是从学校管理的角度，从副校长、中层干部和老师们的感受来考虑的。

看上去是方法论，其实是价值观

多年前，因为有领导提倡，教育部门便要求每一位中小学生都唱京剧；过了一段时间，中小学生又被要求全校跳交谊舞；又过两年，又被要求学习“国学”……

对领导提倡什么，我们不能把它理解为方法，而是应该理解为领导的价值观。领导这么提倡的价值观是什么？就是希望学生能身体健康，有艺术修养，不忘记民族的优秀文化传统。

校长只要通过领导告诉的方法论把价值观提取出来，就不会盲目跟风了。你不一定要扔掉学校的传统，只要扎扎实实重视学生的全面发展，这时，你做的事恰恰就是领导真正提倡的。

建立友好学校和不建立友好学校都是为了更好地学习经验

在建立友好学校的时候，我们有一句话叫“国际多区域，国内等距离”。

为什么要奉行“国际多区域”？是因为我们要向欧洲、美洲、亚洲、澳洲等世界上不同文化背景的教育学习——学习他们的课程，学习他们的文化。为什么国内一般不建立友好学校？这是为了方便借鉴不同区域、不同学校的经验。出于一些原因，国内同一个城市的学校之间，常常存在着不该有的这样或那样的壁垒。我们和这所学校建立了友好关系，另外一些同类学校可能和我们就走远了，就不愿意把好的经验告诉我们了。我们希望学深圳，既学这所学校，也学那所学校；同时，我们也希望学上海，既学这所学校，也学那所学校。要实现这样的目标，就不能在国内的学校里分亲疏，也就是不结盟。国际和国内是不同的方法论，但价值观是一致的：学习更多的经验。

让学生完成社会化，自己创造归属感

过去，学生被分到一个班，四五十个人，大家马上就会有同桌、有班委会，每个人很快就会有几个关系比较密切的同学。但现在的十一学校不是这样了，学生一入校就选课，八门课在八个教学班，已经没人给你指定行政班了，所以很多学生会感觉没有归属感。向学校、老师要归属感，学校、老师不会给他。学生要用半年、一年、两年，甚至三年，去寻找甚至创造属于自己的归属感。在不同的教学班里，在不同的社团里，学生自己创造归属感。因为当学生走进社会的时候，归属感都是自己寻找和创造的。学校应该帮助学生培养这种能力——寻找归属感、创造归属感的能力。

今天，我跟大家分享的主题是“从世界观到方法论”。世界观是对世界的基本看法，方法论是改造世界的方法。世界观是方法论的理论基础，方法论是世界观在实践中的体现。

要从世界观进入方法论，需要确立原则、寻找要素、构建模型。

一、确立原则

为什么我们经常把好经念歪了？具体表现为：我们的世界观不能指导我们的方法论；我们的方法论压根儿就没法实现我们的世界观。

长期的学校管理实践，特别是经历了大量挫败、大量教训，使我感觉到我们往往缺一个东西——确立方法论的原则。世界观非常宏大，方法论特别微观，从宏大到微观台阶太高、跨度太大，形成断崖，直接下去很困难，所以我们需要一个中观的原则。

告诉干部、教师处理事情的基本原则，这是学校领导者重要的工作之一。

我们都特别赞叹深圳取得的经济奇迹。为什么在那个时代改革开放的步子都比较大？因为那些改革，是在破除一个又一个瓶颈，不断往前推进。邓小平同志在处理“改革开放”“奔小康”这样的愿景、目标、价值观时，始终坚持了两个基本原则。

一是“尝试—纠错”原则。摸着石头过河，不要怕犯错。在一所学校里，如果校长要求干部和老师们大胆改革，但一出错误就批评人——上面的领导打电话批评你你就去批评干部，家长上访你就去训老师，大家行动起来肯定就会缩手缩脚。如果不奉行“尝试—纠错”这样的原则，改革就很难深入下去。

二是构造非平衡的开放系统。要构建一个不平衡的状态，打破平衡状态。全国都是计划经济，我们就搞一个特区，进行市场经济改革；全国都是一大二公的人民公社，我们就找一个小岗村包产到户。

没有这两个基本原则，当时恢复高考制度可能就会推迟。当初邓小平同志拍板恢复高考制度的时候，教育部门的部分领导认为，时间太仓促了，需要再准备两年。邓小平却说，不用再准备了，我们也要勇于尝试；只要方向对了，就没问题！

具体事件如何确立原则

刚刚过去的 4 月 14 日，是科比的告别赛。在告别赛的前一天晚上，在学生圈、家长圈掀起了一场风暴，大家都在争论明天该不该放假、该不该让学生看球赛。所以，有的干部就请示我：“应该怎么办？”

这是我管理的失败。为什么在类似的情况下相关干部总是请示校长？我们每年或者在某个时间内一定会遇到NBA，一定会遇到世界杯，一定会遇到奥运会、亚运会，但我们始终没有形成对待这种事儿的原则，尽管我们的世界观很明确——以学生为中心。

他们为什么还要不断地向你请示？上次已经做过了，这次为什么又把经念歪了？一件事做好了，为什么另一件类似的事却做得那么糟？

因为确立方法论的基本原则一直藏在校长的内心，校长始终没有告诉过教师。校长始终只谈行动纲要、价值观，或者索性只是告诉他们方法，没有给干部、教师描述过处理这类事情的基本原则。

2005年，韦尔奇到山东省潍坊市访问，当时的市委书记曾经问他：“你在全球有那么多工厂，几十万员工，你的全球副总裁就100多人。你怎么管理如此庞大的公司？”韦尔奇说：“我只负责培训。培训干部和高管。”

“韦尔奇到底培训高管什么？”这个问题，我想了10年，直到现在才有点儿明白。他培训的内容一定不是具体的管理方法，也不会仅仅停留在价值观的宣示上，我推测培训的主要内容应该就是一些基本原则。

4月13日晚上，我和我的同事们商量出了几个具体的操作办法。

第一，不能停课，不能因为一些人的原因而影响另一些人的利益。

第二，学生中的球迷可以请假看球，但必须得到家长的同意。

第三，学校尽量为这些球迷提供看球的便利。

第四，在活动中努力挖掘教育内涵。

如果只解决到这个程度，下一次再遇到NBA、世界杯时，我敢肯定老师们可能还会请示。因为这只是方法，不是原则，所以我们必须从中总结出一些基本原则。

需求

一定要设身处地地满足学生的需求，但不能仅限于某一部分学生，而是要满足各种类型学生的需求。如果把所有教室里的电视都打开，作为看球的场地，就会伤害另一些非球迷学生的需求。对不同学生的需求进行研究是最重要的。

平衡

要平衡好看球和学习，平衡好这些学生和另一些学生，平衡好教师教学的进度和学生学习的进度，等等，要平衡好各种利益。所以，就有了“不能停课，不能影响教学进度”这样的要求。学校允许你看球，但你必须征得家长的同意。在这个过程中，家长和学生又会有一个博弈。而看球误课的学生就要补课，这是他们要付出的代价。

另外，还要充分挖掘此活动的教育意义，活动过程中及结束后，教育者应认真思考到底应该做什么。

推介活动如何确立原则

要进行自我推介与宣传，就需要讲好故事。学校要讲好学校的故事，甚至要讲好校长的故事。讲故事看似简单，实际上是难度很高的事情。

下面是一位学生给我发的一条微信：“报告您一个好消息，我考上了美国的伊斯曼音乐学院，特此和您分享。这是该学校百度百科的链接。”

这位学生没有告诉我他考的学校怎么样，但我打开链接一看——马上得到一个惊喜，世界排名第一！这位学生直接告诉我也可以，但他非常讲究策略，非常低调。他叫你自己去看——不是我告诉你的，是百度告诉你的。

我们在推介学校时，应该坚持一些什么样的基本原则呢？第一，能说学生就不说学校；第二，能说老师就不说校长；第三，让局外人、旁观者说；第四，对特定的人在相应媒体上以相应的方式说；第五，不重复说；第六，能不说尽量不说。这些基本原则是我们总结了很多经验和教训后，在实践中慢慢提炼出来的。

校园大型活动如何确立原则

校园大型活动，非常难组织。尽管我们学校大型活动很少，但组织一次也感觉相当困难，特别是在重复组织同一种活动时。我们要不断“花样翻新”，让它出乎学生的意料，但往往“翻”着“翻”着就不知道“翻”到哪里去了。为什么会出现这种情况？就是因为我们没有基本的原则，只有方法论。

现在，我们总结出了开展全校性活动的三个重要原则：一是人人都有参与感，二是师生互动，三是主场与分场主题的聚焦。

人人都有参与感

全校 4000 多名学生参加开学典礼的时候，我们要选 10 名学生作为幸运嘉宾，到台上接受老师们的礼物和拥抱。我们完全可以指定 10 名学生，现场抽取多么费劲呀！但我们还是采用现场抽取的办法，因为在抽取的过程中每位学生都会感觉自己有希望被抽到。这种感觉非常重要，每一个人都不能作为局外人。

我们在举办由学生生产的产品交易大会时，会给所有学生、老师发校币。发给你校币你就会花出去，因为你舍不得扔掉，这样就保证了大家都会参与。

师生互动

每个学期开始，在面向全体学生的“开学护照”活动中，有一个请同伴、老师签名留念的环节。学生要在“护照”上写上新学期的目标，请老师签字确认。老师在发还护照时，会和你拥抱。这就是互动。

学校“道歉日”期间，学校会给每人发一张“道歉卡”，你就可以写上自己想说的话，然后送给你想向他道歉的同伴或者老师了；拍卖会上，拍卖者和收购者发生交易，这些都是互动。

主场与分场主题的聚焦

既要有全体的大活动，也要有分开的小活动，但主题要聚焦。这样既可以满足不同的需求，又大致有相同的价值追求。

回到教育的基本原则来看问题

在是否允许学生带手机这个问题上，我相信大家会感觉非常纠结。基本上是两种态度：让带手机和不让带手机。这两种态度遵循的价值观都是一样的，都是“为了学生好”：我不让你带手机是为了你好，为了你学习好；我让你带手机，也是为了你好。

我们怎么判定这两种“好”？我觉得我们得回到教育的基本原则上去：满足学生需求，让学生自主体验和对学生的未来有价值。我们有没有研究学生的需求？是不是知道教育的进步必须靠自主体验？我们是不是知道我们的教育是为未来做准备，为孩子的未来奠基？如果我们将这个问题再放到教育工作的基本原则下来思考，不允许学生带手机，是不是为了学生“好”，你心里肯定就非常清楚了。

让每项工作里都有教育

“十事实办”——信守承诺

十一学校每年的最后一个工作日是学校的狂欢节。在狂欢节上有一个固定的仪式，是校长向全校学生宣布明年要办的、和学生密切相关的十件实事。

通常这个仪式会相当隆重，因为这里面有一个重要的教育内涵，就是要信守承诺，要诚信。诚信是人的核心素养中的核心。一个人如果没有基本的诚信，他在社会上就难以立足，甚至还会对社会造成危害。我们通过“公开宣布”这一仪式，赋予为学生做实事新的教育内涵。

怎么赋予？这里面有一个基本的设计原则：十件实事里面至少要有一件在新年开学第一天就要兑现。新年放了三天假，1 月 4 日回校，学生就会发现有一部分实事已经兑现了。这是我们设计“十件实事”时一个重要的原则。比如，在有一年的“十件实事”中，提供自动售货机、体重仪和存衣柜等这些比较容易做到的，都是在 1 月 4 日前完成的。有些难完成的实事要提前做好放在那儿，等宣布之后再让它们兑现。

青岛中学——引领一种新的办学模式

最近，通过媒体报道，大家可能已经知道，我们正在青岛市办一所混合制的独立学校——青岛中学。这所学校是政府投资，由我们的管理团队经营。它是一所非营利的学校，任何人不能从学校拿走一分钱。校长实行义工制。

这所学校要努力实现“引领一种新的办学模式”的目标。这种模式是：学校不属于政府、公司、个人，也不是哪个学校的分校，它就属于它自己。它有一个理事会，理事会聘请校长，校长只对这所学校的发展、只对这所学校学生的成长负责。

在招聘教师的时候，我们能不能从里面找到教育？

从上千名应聘的毕业生中，我们选出了40多位老师去这所学校。当这些老师走进学校的时候，每个人都会收到一枚纪念章。不管你最终能不能被录用为这所学校的老师，只要你保存好它，未来二三十年，你都可以凭它进出学校，甚至可以带你的孩子来参观、考察。这个纪念章上刻有持有人的名字和编号。这个纪念章由谁来设计、由谁来制作？这里面就可以有教育内涵。这个纪念章由被选出的一名应聘者设计，不管他最终能不能应聘成功。

招聘活动在星期六、星期天进行。应聘的老师需要试讲，但周末学校里没有学生，我们又不可能用行政命令的方式强行让学生来学校上课，于是我们就设计了一个活动——“今天你当面试官”：招聘学生来当应聘教师的面试官。

学生报名后我们再进行面试，看谁适合当面试官。当面试官就要提问题，制定标准，要把自己喜欢的老师招进来。于是，这里面就有了教育。

通过原则的确立，形成管理上的默契

医务室的报告制度

我相信，校长们都特别关注学校的医务室，但我也相信校长通常不会把学校的医务室管理作为工作重点。

我们应该确立什么样的基本原则来管理医务室呢?

比如说,一天里有三个以上的人出现外伤时必须报告校长。为什么?因为出现这种情况,就要核实是不是有学生打架了。只有一位学生出现外伤时通常不用告诉校长。再比如,一个教学班里如果有三个人同时发烧,可能是传染病的问题,就要引起警惕;一个年级里如果有五位学生同时出现腹泻,这很可能就说明食堂的饭菜有问题。我们必须形成这样的一些原则,管理者和被管理者才能形成默契。

二、寻找要素

怎么通过提取要素使我们从世界观走到方法论呢?

寻找国家教育政策的要素密码

国家现在提炼了很多有关"要素"的概念,把过去很多说不清的事情描述清楚了。

比如,"最后一公里"概念的提出,把政策落实的问题描述得特别形象。

再比如,"供给侧结构改革"概念的提出,也给教育改革提供了很好的方向。过去我们进行改革,总感觉找不到自己需要改的领域,总觉得对方应该改革。现在明确了要在"供给侧"方面进行结构改革,就知道了其实不是对方应该改革,而是我们供给方——我们教育本身的供给结构,包括学校的结构、教育的结构等需要改革,改革要解决教育的供给结构能不能满足老百姓的教育需求的问题。要素是教育供给侧和教育供给结构，相应的方法论就应该是满足老百姓的教育需求。

再比如，“核心素养”概念的提出，也有利于我们更好地思考人的素养问题。核心素养的要素包括必备品格和关键能力。

“新学校”行动研究有哪些要素

我们现在正在进行的“新学校”行动研究，有哪些要素呢？

定位客户

第一个要素是定位客户。校长一定要明白学校的客户是谁。因为体制的原因，校长常常重视与上级领导相关的事情——重视领导来学校视察，重视领导开会，重视领导安排的工作。

但学校最重要的客户是谁呢？是学生。当我们把学生当作客户的时候，教育行业就是服务行业。这时，我们的方法论就是要提供高端的、有益于学生成长的服务。

学校里最大的政治是学生的成长。有很多人认为上级领导安排的事没有做到位是不讲政治，可大家想一想：学校里最大的政治是什么呢？是国家的未来。学校不能断送国家的未来，学校里最大的政治是学生的成长，难道还有比这个更重要的吗？所以，学校必须定位好自己的客户。

基于抱怨

改变学校最好的通道，是基于学生和教师的抱怨。有些人说，我们鼓励提建议，反对抱怨。可抱怨是怎么产生的呢？教师和学生提出建议后不管用，他们才会发出抱怨。所以，校长一定要对抱怨怀有敬畏之心。如果我们定期把教师和学生的抱怨梳理出来，定期解决，那么，半年、一年之后，大多数抱怨将变成建议。相应的方法论就是梳理抱怨，定期解决，变抱怨为建议。

数据诊断

要改变我们长期习惯的“差不多”思维方式，改变拍脑袋、凭感觉的决策习惯。一句话，一定要收集数据，用数据说话。

流程再造

此处的重要方法论是：写下重要事情的流程。一定要写下一些重要事情的流程。千万不要认为“我太熟了，不用写”。越是一些熟悉事情的流程反而越要试着写下来。比如，一位家长到学校来访，它的流程应该是怎样的；一位学生要开成绩单，具体流程是怎样的；学生饭卡丢了，要补饭卡，其流程如何……试着写下来之后，你就会发现，学校过去存在的问题其实很多。

结构调整

要在一所学校里改进工作，最重要的方法是调整学校的组织结构。如果这样做还不行，实在没办法的情况下，就要靠规章、制度，只有在极个别的情况下才能靠开会。当一所学校不需要用开会来解决问题时，就意味着它已经走向成熟。

产品开发

具体的做法就是把国家课程校本化。我们一定要把国家课程校本化。只有当我们把课程当作学校产品的时候，这所学校才会真正开始形成核心竞争力，才会真正稳定发展，而不仅仅靠教师的课堂教学去“稳定”这所学校的教学质量。

我希望“新学校”行动研究的成员和愿意加入这个组织的校长们，能够按照以上这些要素来研究和改进学校。

开学典礼的要素

十一学校对开学典礼有严格要求，每年不能重复。每年的开学典礼一结束，下一年的开学典礼策划小组就开始工作了。因为要求严格，不能重复，要创新，所以策划小组的成员感觉很痛苦，但是我们坚持不让步，希望他们能在痛苦中学会长大。可是，每年策划如果相去甚远，没有衔接，甚至连学校基本的价值观都丢了，怎么办?

慢慢地，我们就形成了开学典礼的一些要素。比如，仪式感、参与感、要有激动人心的环节、要有出人意料的环节、不超过 30 分钟。这是我们举行开学典礼时必须遵循的原则和必须注意的要素。

狂欢节的要素

狂欢节也有一些要素。比如，由学生决定教师和校长需要扮演的角色，这是不能变的。为什么？学生好不容易逮着一次机会，他们叫老师、校长扮演什么，老师、校长就得扮演什么，这样他们会感觉很爽。再如，一半的角色要“面目全非”：扮演的角色全都认识，没有神秘感；但全都不认识，那也麻烦，有风险。其他要素还有集体开场、项目多样、游戏化和作品变现等。

学校建筑的要素

在 1952 年建校的时候，十一学校借用了苏联的少年中央军校的规划图纸，在此基础上修改、建设而成。那时候，大多数建筑都是平房，现在的学校博物馆是当初学校最高的建筑。因为后来学校的建筑是一个一个建起来的，就造成学校一个建筑一个风格、一种颜色，共有 6 种颜色。现在，学校在对这些建筑进行重新加固时，对是否要保留学校建筑外观的 6 种颜色，大家意见不一致。在教职工代表大会上，大家决定恢复十一学校建校初期的建筑风格。经过讨论，大家提出了四个元素：一是红砖、红瓦、红窗；二是坡屋顶；三是大檐头；四是灰脖、灰腰。在设计分校时，我们就让设计师根据以上四个元素来创新。所以，在北京，十一学校新建的分校基本上都是这个风格。

校服的要素

现在，十一学校正在提取有关校服的要素。这个工作很困难，因为我们有 50 多套校服，而且服装公司每年都想创新。于是，我和他们说：“你们不要创新到仅仅过了 10 年，老校友重返母校时，就觉得这不是他们的学校了。我希望你们创新、保持时尚感，服装能跟上时代的发展，但不管面料、款式、颜色变到哪里，不管多么时尚，我仍然希望老校友们 10 年、20 年以后回到学校，从校服上仍然能感觉到这还是他们母校的校服。”目前，这个提取工作还在探讨中。

三、怎么构建模型

在从世界观走向方法论这一过程中，需要构建将原则和要素结合起来的有效模型。

从马斯洛的需求学说谈起

马斯洛的需求学说为什么能影响全世界，为什么在管理学界如此深入人心？因为它有一个很好的、特别简单的模型。类似的学说有很多，但是模型复杂得让人记不住。

马斯洛五个层次需求学说，从下到上依次为生理需求、安全需求、社交需求、尊重需求和自我实现的需求，有效地将人的需求可视化了。

现今，在这五个层次之外，管理学界又提出人的第六个层次的需求——自我超越的需求，人不仅追求自我实现，还会追求自我超越。有些成功的人士还是非常努力，还是乐此不疲地在追求，为什么？因为他们要突破自己的瓶颈，要不断超越自我。这个需求是成功人士做到自我实现之后的需求。我相信每所学校里也都有追求自我超越的教师。

“变革态度转变四阶段”模型

我们经常听到很多学校变革的不寻常经历。说实话，变革无处不在，变革时时发生，但真正成功的变革并不多。美国的一个管理学家曾经说：“成功的变革有吗？反正我还没有见到过。”从这句话里就可以看出变革的艰难。但变革是可以管理的。在任何变革的准备期，必须告诉我们的团队，或者必须和我们的团队一起，用我们的智慧来共同生成一个关

于“变革态度转变四阶段”的模型。（见图 9-1）

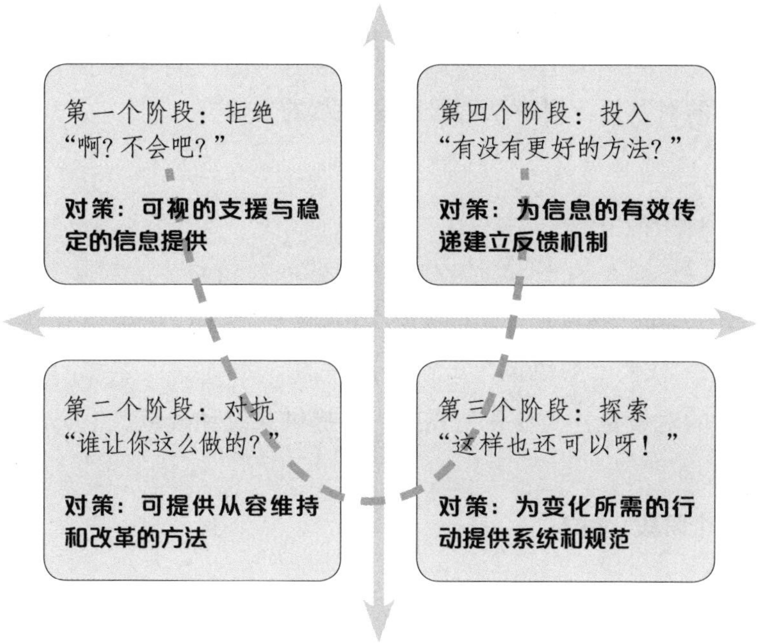

图 9-1：“变革态度转变四阶段”模型

第一个阶段：拒绝

对变革，在第一个阶段，人们一定是拒绝的。有很多优质学校，在所在地政府推进教育均衡发展的时候，会不断地问：“啊，不会吧？”“不可能吧，哪能这样呢？”

这时的对策是：可视的支援与稳定的信息提供。

第二个阶段：对抗

在拒绝之后，就是第二个阶段——对抗。“谁让你这么做的？”“你让我这样干，那我不干。”人们会和你软磨硬泡，拒绝改变。

此时的对策是：提供从容维持和改革的方法。

第三个阶段：探索

“这样也还可以呀！”看到大势不可阻挡，别人已经在创新、研究了，人们会想：“我要不要也试一试？”

这时的对策是：为变化所需的行动提供系统和规范。

第四个阶段：投入

“有没有更好的方法？”经过初步探索后，人们逐步开始变得投入了，慢慢会全身心地投入改革。

这时的对策是：为信息的有效传递建立反馈机制。

几乎所有的改革都要经过这四个阶段。

在学校里推进任何一项改革，即使是很小的改革，也应把这四个阶段大概列出来。只有弄清变革被逐渐接受的四个阶段，你才能大致知道，人们什么时候会进入情境，什么时候会很难受，什么时候会到达高原期，并且知道应对这种现状的对策是什么。如此，变革的前途就会是光明的。这样一种模型可以帮助我们理解变革是如何进行的。

师带徒“PARR”模型

老教师如何指导青年教师？

过去，我们有一个误区，认为一名老教师花三年时间带一名青年教师，最后这名青年教师“像”这名老教师了，就说明“带”成功了。

但这会不会扼杀青年教师的个性和创造性呢？老教师应该教给青年教师什么呢？应该做的：明晰学习目标、选择教学策略、问题设计思想。应避免做的：帮助设计教学环节、固化教学流程。

在实际工作中，一个青年教师在3–5年内，很难完全具备上述能力。在“带”的过程中，老教师可以和青年教师共同探讨，在探讨过程中教给青年教师方法。但要避免帮助青年教师设计教案、设计教学环境、明确教学流程，因为这样做会固化他的思维。所以，师父带徒弟应该有一个模型，应该明确在不同时期、在不同环节上，师父到底应该做什么，徒弟应该做什么。（见图 9–2）

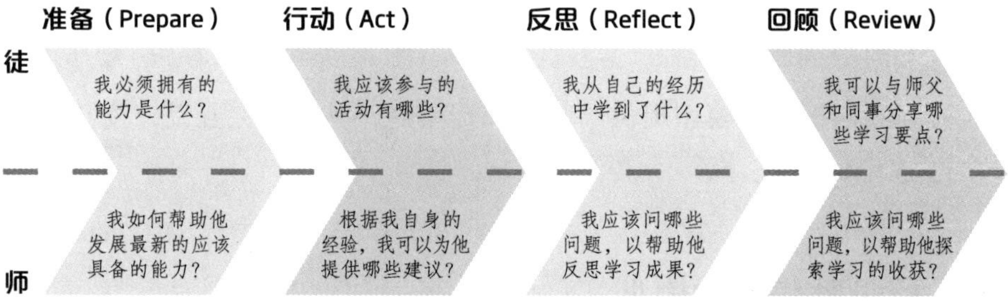

图 9–2: 师带徒“PARR”模型

准备（Prepare）

徒弟：我必须拥有的能力是什么？

师父：我如何帮助他发展最新的应该具备的能力？

行动（Act）

徒弟：我应该参与的活动有哪些？

师父：根据我自身的经验，我可以为他提供哪些建议？

反思（Reflect）

徒弟：我从自己的经历中学到了什么？

师父：我应该问哪些问题，以帮助他反思学习成果？

回顾（Review）

徒弟：我可以与师父和同事分享哪些学习要点？

师父：我应该问哪些问题，以帮助他探索学习的收获？

当我们把这个模型提供给师父和徒弟时，他们就会互动，变得更加理性和有逻辑性。

校长胜任能力模型

一位好校长应该具备哪些能力？

其中的关键词有优秀教师的经历、管理能力、境界、基层管理经验、教学观、学生观、人性观和领导力等。

我用这样一个模型来鞭策自己，努力使自己成为一个好校长。（见

图 9–3)

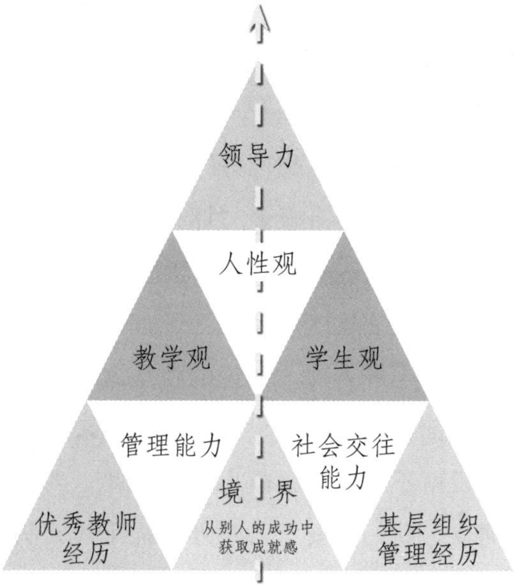

图 9–3: 校长胜任能力模型

第一，拥有优秀教师的经历。这是基础。虽然没有优秀教师经历的人也可以当校长，但此种校长很多时候会有短板。

第二，拥有管理能力。比如，计划、组织和监督、评价等能力。校长如果没有计划，教师是怎么做的，他可能就会不知道，这样会造成很多事都拖延下去。

第三，境界。韦尔奇有一句话，对境界是很好的诠释："在你成为领导者之前，成功只和你个人有关；在你成为领导者之后，成功则只和别人的成功有关。"所以，当你看到哪位老师发展好了，你就高兴得不得了；看到哪位学生好了，你就激动万分：这就是当校长的境界。

第四，拥有基层组织管理经历。比如，当过教导主任、年级主任。

我一直认为，只要是优秀的班主任通常就能当好校长。

第五，教学观、学生观、人性观。校长胜任能力是一个金字塔形的模型，处于中观部分的是“三观”，分别是教学观、学生观、人性观。在这“三观”里，我特别想强调人性观。这是我从卡耐基的人性化管理理论中得到的启发。当我们评价一个人的时候，不要从道德的层面评价——“这个人真坏，这个人品德不好”，这样，管理者会很痛苦。为什么？因为这样的话你眼前会有很多“坏人”。

我们最好从人性的角度去认识，这样就没有纯粹的坏人和好人了。

莫言老师在总结自己的创作时说了三句话：“把好人当坏人写，把坏人当好人写，把自己当罪人写。”说的就是这个道理。每个人都有天使的一面和魔鬼的一面，把天使的一面打造得越来越强，魔鬼的一面就会被遮盖住，或者说就不好意思显露出来。因此，当我们用人性观来看待老师和学生的时候，我们只要努力想办法强化其天使的一面、善良的一面就行了。

第六，领导力。说白了，领导力就是把别人变成领导的能力。很多人也许一看这个模型，就感觉太麻烦了：怎么需要这么多能力啊！其实，只要有三个能力就够了，那就是境界、学生观和领导力。一个校长应该在这三个关键方面去不断地提升自己，不断地反思，不断地塑造自己的品格和能力。

教导主任的协调能力模型

在十一学校里，压力大的工作有很多，而很难干的工作并不多，教导主任工作算一个。因为在十一学校里，教导主任已经不是管理干部了，他没有权力指挥年级，他和年级主任们是平起平坐的。这时候，教导主任所有工作的推进都不是靠行政指挥，因此他需要有一种特别的能力——协调能力。他要和高一年级主任协调，要和初二年级主任协调，要和国际部的外教、学术校长协调，要和办公室、总务处协调，还要和教委的有关科室、社会的有关方面协调。这个岗位的工作很难干，因为全部工作都是协调。

那么，我们怎么去指导教导主任具备协调能力呢？我画了这么一个模型。（见图 9-4）

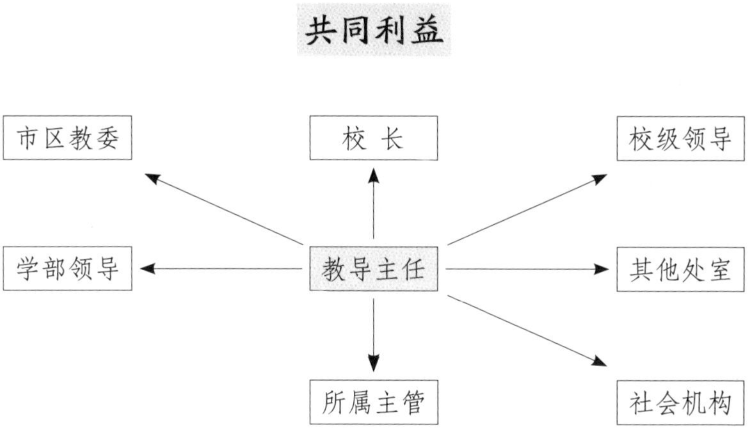

图 9-4: 教导主任的协调能力模型

教导主任需要协调的大概就是校长、学部领导、校级领导、其他处室、市区教委、所属主管和社会机构这 7 个对象。

怎么协调呢？

在这里，我只想说一个方法——和他们一起寻找共同利益。

和年级主任协调的时候，你一定要和年级主任一起寻找共同利益。年级主任最怕学校折腾，最怕你影响学生的课堂和学生的学习成绩。

和教委协调的时候，你一定得知道教委的领导、科室的同志需要什么东西。他们需要亮点，所以跟他们不能计较细节。要找到共同利益，就必须做领导喜欢，又落实了学校以人为本、推动学生发展的事情。

客户定位模型

前面说要定位客户，校长应该怎么定位自己的客户呢?

请看下面的客户定位模型（见图 9–5）。

图 9–5: 客户定位模型

一定要有自己的核心客户。

年级主任、学科主任，正在推动某项改革项目的负责人，一定是校长的核心客户。所以，哪一个项目或者哪一个年级、哪一个学科有重大变革期间，一定是校长应该去他们办公室最多的时候，有的地方需要一天去一趟，因为校长需要去给他们提供服务，不仅仅是提供资源，还有疏导，帮助他们想办法等，因为他们是校长的核心客户。

有些是一般客户，校长只需要定期关照一下。

此外，还有一些是外围客户。

“母校养成”模型

学校如何成为母校，这也是我在思考的一件事。

不是说学生在这个学校里上学三年、六年，这所学校就是他的母校。如果学生毕业20年了都没有回来看过这所学校，都没有来看过他的老师，我们可以说这是他的母校吗？我们哪里听到过一个妈妈培养了一个儿子，儿子出去20年了都不回来看看妈妈这种事儿？

所以，我们不轻易说学校是学生的母校，因为“母校”这个内涵需要认真研究。

要让学校成为真正的母校，也需要构建一个模型。这有待我们全体教职员工甚至学生都去思考。

学校如何才能成为母校？我想大概有以下几个方面。（见图9–6）

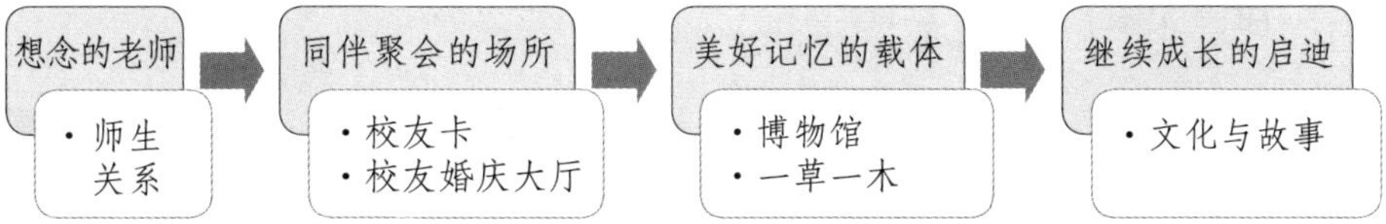

图 9–6：“母校养成”模型

一是有想念的老师（师生关系）。

二是有同伴聚会的场所（校友卡、校友婚庆大厅）。

三是有美好记忆的载体（博物馆、一草一木）。

四是有继续成长的启迪（文化与故事）。

一所学校能不能在这四个方面给走出学校的孩子们留下点什么呢？

比如，让学校成为同伴聚会的场所。十一学校正在做一个所有校友都可以申请的校友卡。有了校友卡，可以随时进出学校。

这些年，来十一学校拍婚纱照的校友越来越多。我们在改造的国际部大楼里设置了一个校友婚庆大厅。毕业典礼、成人礼、迎新酒会也都可以在这个庄严的、稍微有点红色的地方举行。我们把它命名为“缘宫”，目的是想把学校变得更像母校。

我们有美好记忆的载体，每位学生离开的时候都会有一个物品留在学校的博物馆里。这样，学生就会牵挂着我们。每棵树、每株花在栽种时我们也都想办法让它们和学生相连。

从世界观走向方法论，在这个过程中需要一些“脚手架”。这些脚手架就是一些原则。这些原则里面有一些要素，再细化，要素里面还会有更小的组成部分。这些原则和要素结合，就可以构建出一些模型。原则、要素、模型，是交叉在一起的。

以上就是我的一些实践和思考。

谢谢大家!

2016 年 4 月 · 深圳

| 第十讲 |

寻找 2.0

在2014年秋季新学校行动研究年会上，我曾经做过一个“寻找”的报告。后来，很多朋友、很多同事不断地追问我：“你是怎么寻找的？”

他们说：“从1990年当校长后，你找到了两条脉络：保障学生中心的学校治理结构、构建可供学生选择的课程体系。一路走来，走过坎坷、克服障碍，你为什么能够慢慢接近理想、慢慢接近坦途、慢慢走上正道？在寻找中，你为什么能够找到问题，为什么能够找到问题背后的问题，为什么能够找到力量？”

这些追问使我不得不继续思考，也继续“寻找”。

一、“两条脉络”中的“三把尺子”

之所以能在寻找中有所收获，最重要的是因为我慢慢学会了使用“三把尺子”对工作做出判断：一、目标还是方式？二、为了学生还是为了学校？三、为了学习还是为了学科？

第一把尺子 —— 目标还是方式？

两所学校的改革

很多时候，我们把方式当成了目标。在 2014 年“寻找”的报告里，我谈到在山东省高密四中当校长时，在学校里推行的“四制改革”：校长负责制、教师聘任制、结构工资制和岗位目标责任制。这次改革效果很好，但也存在许多问题。根本的问题是什么呢？就是误把方式当目标。当时，我们把这场改革的目标定位在“能者上，庸者下”，所以，在确定全校编制时，比当时学校教职工数少了六个岗位。聘任还没有开始，就注定会有六名教职员工落聘。

这种设计给改革增加了巨大的工作量。过去，教职员工都处在“干多干少一个样”的机制下，有些人工作起来不太努力是有原因的，是有理由的。现在，突然就进行“四制改革”，你没有给这些人机会，没有让他们重新去表现就让其落聘，这是不合理的。

所以，那场改革表面上很成功，但我自己非常清楚，后续给我带来了巨大的工作量。我花了很多精力去做这六名教职工的思想工作，还得费时费力地帮他们联系工作。高密四中是一所乡镇学校，周边能够安排人员的单位很少。为什么会造成这些麻烦？根本原因是什么？根本原因在于没有弄清“四制改革”的目标是什么。其实，有人“落聘”只是方式，“能者上，庸者下”也是方式，调动教职员工的积极性才是目标。其实，那场改革只要调动起了人们工作的积极性就可以了。所以，后来我到高密一中任职之后，在聘任上我们继续采用“能者上，庸者下”的方式，但目标不是为了让大家落聘，只是对岗位的“能者上，庸者下”。

我记得当时高密一中有教职员工 200 人，而我们却设置了 203 个岗位。也就是说，只要你愿意在这个学校继续做下去，而且不计较做什么，就会有你的岗位。这样一来呢，同样实现了“能者上，庸者下”，你报高三的岗位，可能没人聘任你，但你报高一的岗位或者报图书馆的管理员可能就会被聘任。所以，在高密一中第一年的聘任中是没人落聘的，但有相当多的老师改变了岗位。这也是“能者上，庸者下”，但它是一种方式，而不是目标。

泼水节

十一学校每年夏天都有一个“泼水节”的活动，是分年级进行的。因为只有分年级组织，老师和学生互相认识，这样泼起来才有意思。

那么，泼水节的目标是什么呢？在十一学校里，我们不仅仅把它当作一个学生感觉好玩的活动，而是当作一种实现我们重要的教育目标的方式。我们的目标是什么呢？是沟通师生关系——通过这个活动为老师和学生构建一个平等的师生关系。老师泼学生一把，学生泼老师两把，两者完全打破了“等级”，这才是我们最重要的目标。因为在一所学校里，只有师生关系平等了，学生才能暴露真实的自己，教育者才能发现教育的真实起点。当然，平等的校园氛围，需要我们用一个一个的活动来实现。

可是，有些年级在一开始的时候，就把这样的目标丢弃了，而只是在方式上费尽心机，尽管活动也取得了一些效果，但有很多老师不参加，老教师不好意思参加，女老师怕把衣服弄脏了不愿意参加，参加的只有数量不多的青年老师。而这些青年老师恰恰是不参加也没关系的，因为他们跟学生的关系本来就很平等，而特别需要参加的老师往往不参加。为了解决这一问题，那个时候大家想了很多办法，办法也非常好，但却没有瞄准“构建平等的师生关系”这个目标。比如说，有些年级在活动中加了竹竿舞项目，因为是泼水“节”嘛，学生提出来必须有节日的气氛，不能只泼水。遗憾的是，在这个“节日”的气氛里，老师并没有加入竹竿舞项目。如果有老师给学生翻翻竹竿，甚至有老师去跳跳竹竿舞，可能就会更加贴近我们的目标。

校长有约

十一学校“校长有约，共进午餐”的活动已经开展十年了，我们为什么能坚持下来？

这是因为我们正确处理了方式和目标的关系。共进午餐这个活动，我们坚持了这么几个原则：一、尊重学生所有的想法，不过多评判学生的想法；二、尽最大努力帮助他们解决实际问题；三、有意思，要努力让学生确实感到校长非常有意思，非常幽默风趣、平易近人。

这看上去好像没有多少教育，为什么要如此？因为这个活动的目标不是教育，它最重要的目标是为教育打好基础，为以后的教育提供可能。

它的目标是什么呢？

第一，提供信息反馈的第二条通道。信息反馈系统必须是双线的。校长、副校长要了解学校情况，靠老师是一条线，但必须有第二条线，就是靠学生。如果我们仅仅通过一条线来了解情况，就可能会出大问题。在学校里，如果校长和学生全部都是教学关系，全部都是官方关系，没有朋友关系的话，在学生中发生重大问题、敏感问题时，就会没有“耳朵”，所以，校长必须有非常亲近的学生朋友。这样一来，有些时候，有些事老师还不知道呢，你就已经知道了。

第二，这种亲近关系会传递，而且通常会正向传递，参与共进午餐的学生会告诉他的同桌，会告诉他的同伴，这样就使他的同桌和同伴也跟校长变亲近了。

第三，可以让学生明白无论遇到什么重大问题、遇到什么过不去的坎，关键时候都会有校长“管”你、顶你、挺你。只有让学生知道这一点，学校才会更安全。在有些岗位、有些环节上，教育者偶尔会情绪失控，使学生受到误解或者承受过大的压力，这可能会导致出现极端情况。让学生知道“关键时刻有校长”，就能避免极端情况的出现。

以上就是我们的目标。所以，“校长有约，共进午餐”不是一个教育活动。如果学生提出一个问题来，你就对他进行批评、教育，这样他以后也就不会来了，那所有的目标就都没法实现了。学生只要来了，校长就有机会，只是这个机会不在今天，而是在明天和后天。

关于创办特色学校

现在，就近入学、划片招生的政策要求越来越严格，学校招生的范围越来越明确，因此，我们必须重新审视创办特色学校的目标和方式。

创办特色学校，在很多地区、很多学校已经成为目标，事实上它是方式。在发展过程中，由于资源或者师资队伍的局限，学校希望能在某一点上实现突破，以取得快速发展从而带动学校整体发展。因此，创建特色学校只是学校发展的一个策略，但现在我们却把它当作了目标——最终要“创建一所特色学校”。其实，从根本上说，特色学校一定会伤害某些学生个性的发展，因为按照常态分布，一个群体的学生一定是具有不同个性、有不同潜能的。教育就是通过经典的、相对覆盖全面的课程体系来帮助学生发现自己和别人不一样的潜能。如果学校只有某个特色，忽略了别的，势必就会造成绝大多数学生没有机会唤醒自己、发现自己的局面。所以，在过去，在20世纪80年代，我们面向全市招生、面向全省招生，办一所艺术特色学校、办一所体育特色学校、办一所科技特色学校，等等，如果说还可以的话，在今天，越来越强调就近入学，学生情况越来越实现常态分布的时候，这样的方式一定会严重脱离教育的本原。所以，在今天，创办特色学校只是一定时期促进学校发展的一种方式，我们切不可把它当作办学目标。

关于名校办分校

和大多数优质学校一样，十一学校也办了一些分校，接收了一些薄弱学校进行改造。但从一开始，我们就确定“名校办分校”是一个手段，是一种方式，而不是把它当作目标，不能最终把它们办成一个集团。

现在，很多优质学校都办了一个很大的教育集团，而且对各分校管得越来越多、越来越紧，本校和分校之间的关系越来越紧密，这无端地给那些分校增加了一个“婆婆”。

十一学校每接手一所薄弱学校，前三年时间，我们把它当分校来办，这意味着什么呢？就是我们要加强对它的调控，要进行课程的输出、学校治理结构的重建和管理团队的输入。此时，这个力量越大越好，包括我们会吸收很多资源进入这所学校。一般来说，根据我们的经验，三年之后就可以变成盟校。这是什么意思？就是把过去的“儿子”变成“兄弟”。本校不再去调控分校，不再去指挥分校，而是最大限度地让分校成为一个独立的组织。再过三年时间，我们希望把它变成一所独立的学校、常态的学校，把它交给社会、交给政府。这样一来，它就可以既有过去打下的基础，又有自己个性成长的空间。我们用这样一种方式来实现目标，这个目标既是政府的目标——实现教育均衡、教育公平；同时，也是一所学校的目标——有自己个性的、多样化发展的空间。

以上就是跟各位分享的“第一把尺子，目标还是方式”。在实践过程中，我们感到，不管什么时候，只要用好了这把尺子，我们就不至于南辕北辙。

第二把尺子 —— 为了学生还是为了学校?

一个遗憾

当年，我们在高密一中进行改革的时候，同时给教师和职员明确了他们在学校内部的级别。教师和职员都有十个级别。在确定这些级别时，虽然我们尽可能想得全面一些，但还是留下了一些遗憾。

在确定教师级别时，初级骨干教师的标准中有这样一条："师德修养较高，品德言行受到绝大多数学生的好评。""绝大多数学生"在操作层面，就是超过85%的学生。所以，从初级骨干教师、中级骨干教师、高级骨干教师、副主任教师、主任教师、特级教师，这些级别都有"学生评价"这一重要指标约束。教师岗位的聘任和学生的利益是直接关联的，但非常遗憾，在职员的分级聘任原则上，我们没有把握好，或者说那时候还没有一把尺子。当时，在职员岗位的聘任原则中，只有"技术含量、工作的繁重程度、节假日是不是值班"三项，并以此确定职员的岗位高低。这三个原则没有一个是和学生相关联的。当职员的工作意义仅仅和量的繁重、技术、值班不值班相联系的时候，在学校里，它的指向性就容易出问题。所以，怎么把职员的岗位和学生关联起来，是十分重要的。

一次收获

在去年毕业的这一届高三学生中，十一学校有一名学生在物理竞赛中获得了国际金奖。在他读高二时，这名学生在所有参加全国奥林匹克物理竞赛的十一学校学生中，成绩只排在第三位。当时，十一学校共有四名学生进入了国家队，并同时获得全国金奖。这是学校历史上没有过的。根据教练的判断，这四名学生只要到美国参加国际奥林匹克比赛，都有实力获得国际金奖。果真如此，这更是学校建校 60 多年从来没有过的——此前我们只有一个学生得到过天文的国际金奖，但这一次却有可能一次就获得四个国际金奖！所以，老师们对此感到非常激动，学校领导们也都很兴奋。

但是，突然之间，却有三名学生找到老师、找到学校说："我们决定不去参加国际竞赛了。"为什么？当时，他们的高二学习刚刚结束，他们说："我们不想用未来一年的时间去重复训练奥林匹克物理竞赛的内容，我们想好好地学一学大学的物理课程。"这个时候该怎么决策呢？尽管在心里纠结了半天，但我们最终还是同意了他们的要求。结果成绩排在第三的这名学生获得了国际金奖，另外三名学生没去参加，但他们爱上了物理这个学科。这三名学生在去年的高考中，被保送北京大学物理学院。这是令很多老师、教练、大学的专业教师都感到特别高兴的事儿。为什么？因为竞赛过程中的反复训练，导致了很多参加某一学科竞赛的学生一生讨厌这个学科。有些人虽然获得了国际奥林匹克数学竞赛的金奖，却再也不愿意学数学了。当我们把学生放开，不再让他重复训练时，他们反而爱上了这个学科。

通过这件事，我想说什么呢？就是在一些关键时刻，要拿起第二把尺子来判断一下：你是为了学生还是为了学校？比如，你在给老师确定聘任级别的时候，是为了学生还是为了学校？你在给职员确定聘任级别的时候，是为了学生还是为了学校？你在决定一些学生是不是要继续去重复训练的时候，你要想一想：这是对学生好，还是对学校好？我曾经开玩笑地说过："如果你说是为了学校的话，我再追问你两次，基本上就可以问到你的内心里其实是为了校长自己了。""为了学校"这个说法，很多时候是经不住追问的。只有为了学生，才能经得住所有的追问，而且会寻找到更多的同道。

这是我要跟各位汇报的“第二把尺子”，就是不时地把任何一件事放在心上掂量一下：是为了学生还是为了学校？

第三把尺子 —— 为了学习还是为了学科？

“第三把尺子”，我想还是从高密一中的语文实验室计划说起。

因为此前经历了很多挫败，语文学科的老师们终于下定决心从每周六课时中拿出四课时，由老师带学生到自修室读书，仅仅用两节课来完成语文教材上的内容。这一做法看上去很简单，实施起来却非常困难，老师们的内心一直在纠结，每个人内心里都有一个声音：“我完不成进度，我这个学科是有体系的。”事实上，老师们并没有去想一想学生到底是怎么学习语文的，并非每个人都是按照老师所谓的那个体系来学习的，每个人的语文素养差别很大、相去甚远。

非常幸运，这届学生最后的语文成绩在潍坊市表现特别突出，还出了一个山东省高考文科状元。这次尝试也影响到其他学科的学习。当然，怎么样把个别学科的做法迁移到其他科目的学习上，这个任务到现在也还没有完成。

近年来大家可能会有一个感受，微信带来了大量的学习者。过去从来不读书、不看报的人，现在是不是已经开始学习了？我们身边有很多这种人，为什么？这是因为很多人是不适合过去老师教给他们的那种学习方式的。我们当老师的，相对来说都是一些热爱学习的人，于是我们就认为百分之百的人都应该像我们一样学习。事实不是这样的，每个人都有不一样的学习方式，有些人喜欢听，喜欢不断地问。有些人就喜欢读纸质的书，他喜欢书香味，认为跟喝咖啡一样。有些人甚至说，再过一千年也会看纸质书，认为这种书香味是电脑代替不了的。但我想，这一代孩子的书香味其实就在电脑上。这就是说，每个人的学习方式，由于不同的生理原因、心理原因和成长环境、习惯等，会形成多样化的方式。

由此可知，过去我们过分重视学科体系，并希望借此造就学习者，是存在很多问题的。时下也涌现出若干教学模式，但无论你把自己的教学模式描绘得多么天花乱坠，我都不相信它会适合所有学生。它一定是驱动学科的，是一个“要质量”的模式。我也相信通过你这种模式会取得好分数，甚至也能培养学生的一些能力。但这种模式驱动的一定是学科，然后再通过学科去驱动学生，带来学习。这就使得它必然会有点学术暴力倾向——对不一样的学生用一样的方式，对不同的学科用一样的模式。

现在，十一学校正在反思自己的教学，经过分享智慧，我们希望能形成一种新的学习系统。这个学习系统，我们希望从师生共同明确学习目标开始，让老师为学生提供评估量表、准备资源包、搭建脚手架、提供工具箱。当有了这些后，后边就放开，给学生、给老师更多的自主学习、自主探究、合作互动的空间。最后，我们有一个缰绳，就是基于学习目标的检测。过去，我们在给学生放开空间，让他自主学习时会出现一个现象：一放就乱，效率不高；当我们再收起来时，一收就死。为什么会这样？原因如下：第一，我们没有共同明确学习目标；第二，我们没有给学生准备好足够多的学习资源。下一步，我们打算在基于标准的学习这方面进行一些探索，让老师更多地去明确学习目标和准备资源。把这个工作做好后，再尽最大努力去放开学生。

这样的转变，事实上是我们从“为了学科”走向“为了学习”的重要一步。学科逻辑、学科内容、学科进度，要最大限度地放在前面开发。在需要学生体验的课堂上，我们的努力必须是为了学生的学习本身。学生的学习一定是有不一样的学习路径的，我们一定要帮助学生设计不一样的学习方式。要做好这个工作，就需要学校给老师更大的空间，怎么样去准备资源包、怎么样去开发工具、怎么样去做评估量表，老师需要充分的自主权。所以，我们把学科组进行了拆分，拆分为三个小组织。“教研组”，这是一个独立组织。“课程组”，我们开发出了 268 个课程，经过整合后还有大约 100 个。比如，像乒乓球、羽毛球整合为小球类；足球、篮球、排球整合为大球类。这样整合之后，形成了大约 100 个课程组。“学科组”，跟原来近乎包罗万象的那个学科组就不一样了，现在是各管各的。我们把学校过去在校长、教导处手上的一些权力全部分散到这些小组织手上，每个小组织都有独立的预算。十一学校今年的预算刚做完，用了三个月时间。经过统计，全校共有 176 个预算单位。学校花的总钱数没有增加，只是拆分到每个小组织手上，让干事的人有权力。

这样的改变，可以使老师不断从学生那里发现需求，不用再先汇报、请示然后才去满足学生的需求了。老师可以直接按照预算购买资源、聘请专家、搭建各种脚手架来帮助学生更好地学习。

回忆 30 年的工作经历，那些走过的弯路、遇到的坎坷，总结起来，基本上都是因为没有用好这“三把尺子”。回想一下，校正的过程基本上就是按照这“三把尺子”的要求去做的过程。但这要走过一个慢慢认知的阶段，说实话，我也是最近一段时间才认识清楚，还是在专家的帮助下完成的。

二、“四个寻找”的新探索

在 2014 年的报告中，“两条脉络”之外，我还跟大家分享了“四个寻找”。我今天准备继续在这四个方面讲讲我的新想法。

寻找问题背后的问题

在上次的报告里，我曾经举过“下午第一节课学生迟到”和“学生乱扔馒头”的例子，来说明我们要寻找问题背后的问题。有很多朋友问我:“怎么去寻找？你怎么就找到了背后的问题？”其实，有很多方法。

找到“第一粒扣子”

以找工作为例，有很多人在一个工作岗位上做了十年都一直感觉不舒服，天天发牢骚。我觉得，如果是这种情况，怎么去解决都很困难。有些人具有“迫害狂”的性格，如果他当幼儿园老师，你怎么去解决他的问题都很困难，因为“第一粒扣子”扣错了，他不应该干这个工作。如果他在监督的岗位上工作，去检查产品质量，估计他会干得很好。

悬置方法，追问目标

很多同事、很多下属跟校长交谈或分享一件事情的时候，大多着眼于方法，这个方法行不行，那个办法好不好，说半天说不清楚。这时，你一定要追问:“你想通过这个方法，到底要达到一个什么目标？你到底想干什么？”这样来追问，很多时候问题就会水落石出。

去借口法

很多人一遇到问题就有许多借口，思考的方向被借口所掩盖，这时你要跟他说:“咱今天一律不谈借口，咱谈点别的。”

自我追责法

就是要想想出现这一问题时我们的责任是什么。我上次讲的“馒头事件”和“迟到事件”处理时用的就是自我追责法。学生迟到，我们的责任是什么？一位学生迟到、两位学生迟到，可能是学生的问题；相当多的学生迟到，一定是我们的问题。就像池塘里的鱼一样，一条鱼死了可能是鱼的事儿，很多鱼死了那肯定是水的事儿。

十一学校有一位政治老师感觉很困惑，他说：“为什么感觉政治素养高的学生却得不了高分呢？”他认为有以下几个原因：“一、孩子思想认识的问题，对高考不重视，眼高手低；二、学生自我感觉良好，也能针对问题提出自己的想法，但在基础知识落实上还有差距；三、对这个问题，我本人没有进行相关的文献研究。”我回复说：“可以换一下思路，问一句‘对此，我能做什么？’”这是一位非常优秀的老师，她能想到第三条“我本人没有进行相关的文献研究”。一般的老师总结到第二条基本上就结束了，认为全是学生的问题。学生问题很多的背后，一定是老师的问题；老师问题很多的背后，一定是校长的问题。所以，我们要想到自我追责，这是找到问题背后的问题的一个有效措施。

我这样回复后，这位政治老师研究了三个特别典型的学生。

这三位学生都是给人“感觉政治素养特别高的学生”，但在50个文科生里面，当平均分是73分，超过80分的学生有20个的时候，他们的成绩分别是60分、80分和81分，相对而言成绩确实一般。在老师心目中，他们的成绩应该排在前几名。

在研究中，这位老师发现，考60分的那位学生是新闻达人，他对国际局势、国内局势的把握非常到位。所以，有什么事班里的同学都不看新闻，直接问他，所以在班里他非常有地位。他靠这个地位在这个群体里活着，所以他不屑于关心分数。他不屑于关注分数，得到了其他同伴更多的崇敬，这又使他更不屑于关注分数。第二位学生博览群书，但对论述题的答题技巧非常抵触。他读了大量经典著作，特别是人文方向的经典，受到很多思想家、哲学家的熏陶和影响。他视那些答题技巧为雕虫小技，并把它当成反面技巧来看待，他要的是“大家风范”。第三位学生抱负远大，他希望改变中国。他特别重视了解社会，特别重视社会实践，还经常找老师共同探讨问题，但他欠缺思维逻辑。

研究了这三位学生后，对第一位学生，老师充分利用他新闻达人的地位，给他提供平台，让他在班上、在学校里展示，然后慢慢对他进行正确认识分数的教育。对第二位学生，老师让他研究论述题的技巧，让他研究这种技巧在他的读书当中会起到什么作用，让他认识到尽管他博览群书，但读得有没有深度、有没有发现别人没有发现的东西，同样是需要技巧的。第三个孩子的情况是思维逻辑欠缺，首先我们老师要知道什么是思维逻辑。老师知不知道什么是思维逻辑呢？思维逻辑怎么训练呢？我们老师可以通过“自我追责”的方式，去发现问题背后的问题。

我们学校的一位生物老师，她在一次分析试卷的研讨会上说：“这次试卷在非选择题方面暴露出的问题是‘学生综合运用知识的能力不强’。有六个原因：审题不仔细；理不清试题的逻辑关系；信息量大，不能提取有效信息；专用名词书写不规范，错别字太多；知识的迁移能力差，答非所问；不能站在命题者的角度思考问题。”总结的六个问题都是学生的问题，没有我们老师自己的问题。那么，什么叫“综合运用知识的能力不强”呢？老师自己知道什么叫“综合运用知识的能力不强”吗？什么叫“审题不仔细”？怎么做才能保证审题仔细？

于是，学校就给这位老师请了一位专家，让专家和她一起共同研究，用“自我追责法”。在学生表现出的这些问题的背后，我们老师的问题是什么呢？比如说，“学生综合运用知识的能力不强”，背后可能就是老师缺乏对能力的分解、缺少方法的指导、没有提供助力学生攀登的脚手架。什么叫“审题不仔细”呢？第一，不会读题，不会提取关键信息，不会建立逻辑关系。第二，在思维方式上，不能站在命题者的角度考虑。相应地，老师的问题在哪里呢？学生不会提取关键信息，老师给学生提供过提取关键信息的方法了吗？

比如说，请你比较两条曲线的增长趋势。1. 什么叫比较？一是要分析区别点或者相似点，二是需要确定自变量或者因变量。2. 怎样描述趋势？一是要根据图像描述轨迹和状态，二是要呈现为什么要这样描述的证据。3. 怎么判定增长？一是要筛选出反映“增长”的信息，二是要尝试举出反例来校准判定。

我们平时给学生训练过这些吗？如果我们没有训练过，那学生怎么会审题呢？“学生逻辑不清，不能站在命题者的角度思考问题”，这说明我们老师就缺乏创设情境、培养学生多角度思维的能力。以实验为例，我们过去传统的实验教学基本上是线性思维——给出条件、明确步骤、得出结果、写个报告。如果我们希望通过实验教学促进学生学科思维品质的发展，就得考虑换一种思路。那就是创设情境、提出假说、做出推理、设计实验。设计实验是终点，也是起点。有了这样的思维过程，学生解决前面提到的那些问题几乎就是水到渠成的事了。

为什么不少老师都出现了类似的问题？校长的问题在哪里？我在反思一件事：下一步，学校应该想什么办法、用什么方式帮助老师，帮助老师渡过这样的难关。这是我近期在思考的一个问题。

下面是去年我发给我们学校的总务主任的一张照片（见图 10-1）。

图 10-1: 电梯按钮（一）

我发给他这张照片，他立刻就明白了，因为他是物理老师。大家能看出来吗？当电梯按钮坏了后，他换上了一个方形的按钮。当然，因为有了上面的那个“上”，所以临时放的这个按钮大家也知道是“下”。但每次看到我都感觉别扭，像我们这种小时候没用过电梯的人都感觉别扭，我相信在城里长大的孩子们感觉就会更别扭了。于是，他几天后就把它换掉了。可是今年春天，我又在学校的高中楼里发现了一个这样的新按钮，我又拍了照片发给他。（见图 10-2）

图 10-2: 电梯按钮（二）

他回复说："校长，已经去买了，还没买回来。"我这才知道他们仓库里没有电梯按钮，每次坏了都得临时去买。

今年夏天，学校有一个会见厅多了一张新的会议桌。我发现有问题，我把一个凳子拉开，拍了一张照片发给他。（见图 10–3）

图 10–3: 会见厅里的新会议桌

这把他给难住了，好多天一直在思考。要看出这张照片中的问题确实太难了，我有点难为他了。大家看，是什么问题？桌子有一根腿在中间。一般来说，主要的客人来了后会坐在会议桌的中间。但一旦坐下，就得把两条腿岔开，得避开桌子的这条腿，那就会感觉特别不方便。我们在很多地方都遇到过这种桌子，这就是没有从方便人使用的角度去思考的结果。

一次一次通过照片和我们的总务主任交流后，我开始"自我追责"了：我的责任是什么？如果老是这样一件事一件事、一张照片一张照片地和他交流的话，我觉得我这个校长是不称职的。校长必须从根本上系统地思考和解决问题。

所以，有一天，我就设计了一个作业，和他一块儿探讨“忙于事务”和“忙于应付”的事情到底有哪些，我们一起进行一些梳理。“忙于事务”的，要对这些事务进行分类并交给相关责任人，对规律性的事务要研究解决的流程和相应的制度，对反复出现问题的要纳入评价，设置控制性节点，提前写下第二天的六项重要工作。怎么解决“忙于应付”呢？第一，结构性预判，从时间、空间、各个不同的组织、上下级、各个不同的群体来预判，在一定的时间和地点会发生什么，思考总务处的责任在哪里。第二，十分清楚并不断关注学校、年级、部门下一步工作的推进方案和总务处在其中的作用。第三，不断加强需要提升层次的关键领域的关键要素。第四，关键资源预留。像容易坏的灯泡、容易坏的电梯按钮，都要事先备一些，一旦坏了马上就能换上好的。

在这个工作的基础上，学校又给他聘了一位导师，让导师跟他一起对全天的工作进行梳理，最后他们共同设计了两个表格。一个是“总务工作任务分类表”，包括常规任务、大型活动与节点项目、协调对接性任务、突破创新型任务。一个是“总务工作思路分解表”，第一个层级，用埋头苦干的方式解决，第二个层级，用技术革新的方式解决，第三个层级，服务里面必须有教育，通过服务育人解决。

我相信，通过这样一轮脱胎换骨式的思考，这样的干部就会进入一个新层次，而不再需要我和他一次一次地交流一些具体事务。

寻找力量

在 2014 年的会上，我曾经分享过我在高密四中进行食堂改革的案例，来说明要学会借助市场的力量。

在今天，我想，在寻找力量的时候，我们要启动引擎，而不是撬动轮子。

那么，引擎在何方？每个人都有优点，都有弱点。我们人类，正是因为有欲望，才有持续发展的可能性。只是我们要把欲望控制在一个合理的范围内。欲望是人类社会发展必不可少的一个推动力，但一个人如果欲望过大，就一定会出问题。所以，怎么样利用人性的弱点，不断去扩大人性的优点，来造福社会，这是我们撬动人类进步的一个重要切入点。

比如，教师专业成长是学校的一件大事，每个学校都十分重视。我们用了很多方式去推动，包括师徒结对、教研活动、听课评课、体会随笔、专家报告，等等。但说实话，这些都是一般的驱动点，并没有将力气用在引擎上，基本上是在推轮子。

那么，引擎在哪里呢？我们的体会是这个引擎就是分享——分享每个人的收获，分享每个人的经验，分享每个人的智慧，分享每个人的教学创新。分享了，他就会有一种成就感。这就是十一学校为什么有那么多沙龙、为什么我们要把海报汇集成书的原因。为什么我们要费很大力气办年会、为什么我们要搞教师创新，甚至作品的交易活动，让老师的试卷、老师的备课资料能够“卖”出一个好价钱？这都是为了通过分享让大家拥有成就感。喜欢分享，是人类的一个重要特性，不然的话，这个世界的许多东西就都不会存在了。在分享的过程中，通过互动，收获一种成就感，会使人感到幸福。这就是一个关键的驱动点。

我相信，每一所学校在师德建设上都煞费苦心。关于加强师德建设的文件有很多，但我们到底应该怎么建设师德呢？说实话，很多人几乎不用什么培训，天生就是好老师。还有一些人需要很多培训，才有可能成为好老师。为什么？因为人确实是不一样的。我们的教师队伍里面确实有一些人是不会当老师的，所以师德建设是我们一个很重要的任务。但是，在师德建设里面，我们希望驱动什么呢？我觉得，首先是爱。没有爱，就没有教育。只有爱也不行。很多人以“爱”的名义，把孩子“爱”

得死去活来。所以，除了爱之外，还必须加上一个东西——包容。学生都是孩子，当他没有按照成人的思维方式去做的时候，我们要包容他。所谓的“问题学生”基本上是因为学生和我们成人思维不一致时，我们对他的一个“有罪判定”。所以，当我们驱动了“爱”和“包容”的时候，师德建设总体上就好办了。

那么，在什么时候人们才会有持续的爱呢？经验告诉我们，一个人通常只有被别人爱的时候，他才会展现出更多的爱，他才会更加爱别人；还有，当他有成就感的时候，他会变得更加有爱心。所以，如果我们希望一位老师有爱心的话，我们应该怎么办呢？我们应该去爱他，动员我们的老师、动员我们的学生去爱这位老师；同时，要想方设法去创造各种机会、搭建各种平台，让他有成就感。在什么情况下人才会始终能包容呢？我们的经验告诉我们，只有在有安全感的情况下，他才会包容别人。一个人岌岌可危，他怎么可能会包容别人？

这样我们就明白了师德的一般驱动点：被别人爱，具有成就感和安全感。那么，我们怎么样把工作集中到关键驱动点上呢？我想，我们应该用制度和文化合并一般驱动点，归为关键驱动点，把安全感压缩到被爱里。什么意思呢？在一所学校里，你只要被别人爱，被同事爱戴、被学生爱戴，在这所学校里你就会有地位，就永远不会落聘，在各项荣誉里面、利益面前，你都不会吃亏，这样就会感觉安全。所以，学生喜欢你，你在学校里有地位，这就叫有安全感。再一个是成就感，也应该把它用制度和文化合并到被爱里。什么意思？就是说，你只要被学生喜欢，你就有了最高成就。在十一学校里，被学生喜欢是老师的第一成就。比如，你获得了一个证书，取得了一个荣誉，上了一堂公开课，出版了一本著作，这当然很好，但都比不上被学生喜欢的成就大。所以，要把安全感、成就感都压缩到被爱里面。这样我们就明白了校长的工作是什么了，就是调动各种资源，让老师有被爱的感觉。

我们用以下三条途径来让老师有被爱的感觉：塑造学生感恩的品格、把学校真正办成母校、推介校友时不忘老师。

塑造学生感恩的品格

第一，在我们的育人目标里，把感恩教育放在重要位置。

第二，初三、高三毕业时，我们都有一个非常隆重的谢师会。

第三，每年的教师节，就是十一学校的感恩节。

人性是复杂的，外力难以改变，但我们可以引导。占有欲、表现欲、嫉妒心，这些其实都是人类不断进步的重要力量。所以，我们一定要正确认识。但如果让它们超出一定范围，就会出风险。怎么来解决这些问题呢？很多家长，包括我们教育者，有时候希望通过更多满足来消解。但给予更多能解决问题吗？能给人带来幸福感吗？事实上不能。正确的做法是，培养人们的感恩品格。大量的研究和实验表明：一个人的幸福感来自他占有的、收获的、应有的和他感恩品格相重合的部分。对他“应有的”部分，他认为是因为别人的原因——幸亏张三帮了我，幸亏去年李四给了我指点，幸亏我的学生好，自己才有了这样的收获。这样的感恩越多，人们就会感觉越幸福。

所以，在推动学生幸福人生的教育中，重要的不是给学生更多，也不是希望他未来多么成功、成为什么伟大的人物，而是把感恩教育注入他的一生，让他学会感恩，时时处处感恩。这样一来，他的幸福感相对就会更多。所以，幸福人生的塑造方式，重要的不是给予，最重要的是培育起他感恩的品格。这就是十一学校把感恩品格的培养放在重要位置的原因。这是一个关键驱动点，要从感恩教育里寻找力量、寻找幸福的人生。

把学校真正办成母校

让学生感觉学校真正是他的母校，而不是校长喊出来的母校。学生毕业都十年了还没有来学校看过他的老师，那学校还是他的母校吗？所以，怎么样让学生经常回来看看？我们做了一些尝试。做“收藏十一”项目，每位学生毕业前要把自己的作业、创新作品留一件放在学校博物馆里。做纪念版的校服，学生毕业了，特别喜欢原来的校服，于是我们就定做纪念版的校服。为校友建“婚庆大厅”。每年有四天，毕业的学生可以申请回校在这里举行婚礼。另外，学校还给毕业学生办了校友卡。有了它，毕业生回母校看老师，进学校很方便。只要毕业的学生喜欢回学校，你就成功了。你教的学生经常回来，学校就成功了。老师不为名利，为了名利不能当老师。老师们努力工作就是为了学生能发个贺卡给他，就是为了学生放假时能回来看他一眼，如果连这个都没有，当老师还有什么劲？所以，学校必须把这个事情做好。

推介校友时不忘老师

在十一学校校园里有一个橱窗专门介绍杰出校友，用这样的橱窗做校友推介的目标是什么呢？除了介绍校友的杰出成就，更大的作用就是连接上老师，我们专门罗列出教过这位校友的老师名字，让在校学生感受到“感恩”的力量，让老师不断体会着被爱的成就感，感受着教师职业的价值。

学校在推介毕业生时一定要连接上老师——这位学生是谁教的。如果学校所有工作都围绕着怎么样让老师感觉到自己被学生爱着，这样的老师会没有好的师德吗？在新一届学生报到后，他能不爱学生吗？

寻找资源

我在高密四中当校长时，学校没钱，但我们特别想激励老师，怎么办呢？我们想了很多办法。学校买了一些彩色的油光纸，每当有老师或者学生取得成绩或者有好事时，我们就用油印机印一张喜报，由同村的学生捎回到这位老师家所在的村。当时的高密四中百分之七八十的老师都是单职工，就是夫妻两人中有一方在家里种地，家还在农村。老师所住的村里一般都有我们学校的学生。那时候，学校一个星期上六天课，星期六下午学生回家的时候，学校就让学生把喜报捎回去，交给村支书。那时候，每个村里都有一个广播喇叭，扩音器一般都放在村支书家里。喜报一送过去，村支书一看是“四中”的喜报，马上就会广播，而且广播不止一次：“喜报、喜报，我们村张三家的孩子李四，在四中获奖了。”这个李四星期六往家走，还没到家呢，在村头他二大爷就会说：“你在学校里又获大奖了，大喇叭广播了。”这个大喇叭就是权威，就是资源。所以，只要跟各个村的支部书记搞好关系，村里的大喇叭就能成为学校的资源。其实，很多资源不在于你拥有它，而在于你用一种什么方式使用它。

在校园里，我们的老师和课程重新组合，也会产生新的力量。

一名生物老师教人体的时候，给学生每人复印了一张人体图，把它放到一个塑料薄膜袋里。学生在上课时就用这张纸，在上面画，画完了再擦掉，第二天还能照常用。过去，每次学生都得自己画一个人体图，花去十分钟，然后再去做作业。现在的组合方式使资源的利用方式完全变了。

工具也是资源。我们知道，成吉思汗在当时之所以能那么快地掠夺了大半个世界，其中一个原因就是使用了马镫。有了它，蒙古骑兵上马下马非常方便。这充分表明了工具的重要性。

好多病人经常会忘记吃药，他们经常问家人："今天我吃药了没有？"没人知道！结果有人就发明了一种可以装一周服用量的药盒，把药按量装在药盒里，你到底有没有吃，药盒就会告诉你。这就是工具的力量。

创新也有工具。过去，我们一直认为创新就是天马行空，想到哪里算哪里。创新不应该局限思维嘛！其实，不是这样的。以色列人就发明了一些创新工具。其中有一个叫"减法"的工具。比如说，一场考试有若干个因素，必须有学生、试卷、监考人、考场、教室和桌椅。用减法去创新，比如说，去掉考场，还能不能考试？能考试，现在已经有很多考试不再用考场。再比如，去掉试卷，还能不能考试？能考试，可以面试。去掉学生呢？去掉监考人呢？这个工具，就是用减掉一个一个要素的方式，来让你不断创新，不断产生新想法。所以，工具就是资源。

我接触过很多家长，我都会告诉他们："通常，家长都很喜欢批评孩子，却不会表扬。批评起孩子来张口就来，但要表扬孩子却不知如何是好。"我不断告诉家长："对孩子应该随时表扬，定期批评。"家长通常会说："随时批评比较简单，随时表扬挺难的。"这时，你必须有工具。我举一个例子，正面词汇储备就是一个工具。孩子发展到一定阶段，针对这一时期，家长就得储备一些正面词汇。比如说，孩子一两岁的时候，这是孩子形成饮食习惯的关键时期，而且他自己已经有主见了，不是一岁之前你喂什么就吃什么了。此时你要储备一个词汇——"不挑食"。你要说"我们家这个孩子一点儿都不挑食"。其实，他很挑，但你千万也不要说"这个孩子什么也不吃，就只吃西红柿"——以后他就这样了。到三四岁的时候，是培养孩子阅读的敏感期、关键期。这个时候你要准备一个关键词——"喜欢读书"。"我们家这个孩子可喜欢读书了"，要逢人就说，人越多越说。其实，他可能不是太喜欢读书，但你说上两年他就差不多喜欢上读书了。到四五岁的时候，就要培养他"自己的事情自己做”。从幼儿园进入小学一年级要培养“专心”，因为小学一年级时孩子往往坐不住，所以从幼儿园、学前班开始就要准备好“专心”这个词，经常说“我们家这个孩子可专心了”。当然，你也要提供一些他喜欢的玩具让他实现专心。到小学二三年级时，学生在学习中往往会遇到困难和挑战，这时，你就要准备好“持之以恒”这个词。所以说，表扬孩子也需要工具。

寻找同道

在 2014 年的报告“寻找”中，我曾经举过一个“卫生间小便斗里的苍蝇”的例子，来说明统一目标的重要性。

我们在寻找同道的时候，重要的不是寻找正走在一条路上的人，而是寻找有共同目标的人。在今天这个时代，除了我们的教育同仁，我们和老师要有一个共同目标之外，还要思考：在我们日常的教育教学里、在我们的课堂教学中，我们和学生是同道吗？

美国的一位学者曾用一张图来表达今天课堂教学的现状。（见图 10-4）

图 10-4：课堂上，我们与学生是同道吗？

当学生没有学习目标、只有老师的教学目标时，老师想的是不断去射中那个靶子的中央，但由于学生不知道这个目标，或者这个目标不够具体、不够清晰，学生只是看着老师的表演，去理解老师的话语到底是要让他怎么做。这是很困难的，为什么？让每位学生去理解老师的每个环节、每句话的内涵，而且实现他们对内涵理解的一致性，这比登天还难。我们一对一沟通都会出现重大问题，何况面对这么多学生，那么多环节、那么多解读？也就是说，在这种情况下，学生对目标是不可能有正确理解的。所以，每位学生只好看着你的眼神、表情、举手投足去做大量的错误理解，但就是不知道目标在哪里。我觉得这个示意图太形象了，也就是说，在我们今天的课堂上，我们和学生并不是同道。

明确的学习目标有两个特征。第一，能从老师的心里、老师的备课本上，走到学生面前。到美国、澳大利亚考察的时候，你会发现很多学校的教室里，在有白板的地方都写着这堂课、这个单元的学习目标。因为只有走出老师的内心，只有把备课本上的目标写到白板上，它才有可能成为学生的学习目标。第二，要有单元目标和每一堂课的学习目标。(见图 10-5)

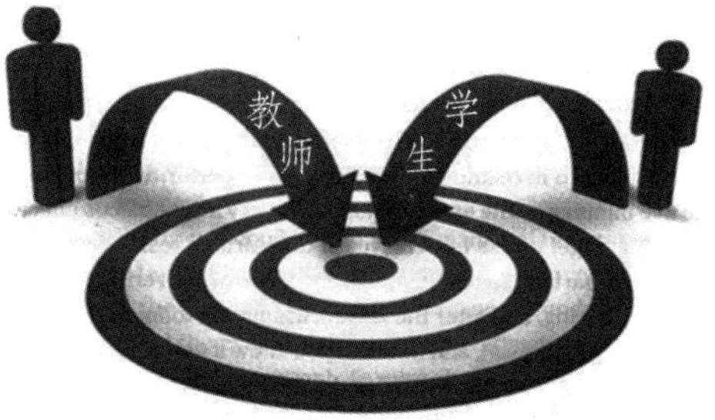

图 10-5: 教师和学生要有共同的学习目标

有人说："我这个单元的目标很明确，就是不知道今天、明天、后天的目标是什么。”这样的目标就不可能成为学生的目标。

当明确了学习目标时，学生就可以不看老师的神态，他可能对老师某一个环节的某一句话有误解，但这没关系，因为他的学习目标是很明确的。这个过程里怎么提炼、走什么路径，甚至遇到点儿坎坷、走点儿弯路，对他来说都是财富。因为他最终会走向那个目标，而每位学生的过程很可能是不一样的。

一个好的学习目标，对教师来说是实施教学规划、有效的提问、更好的理解力、推进学习进程、提供脚手架、检测学生进步、个性化的课堂指令的依据。一个好的学习目标，对学生来说，使他能够适应本课时的目标设置，能够进行自我评估，能够据此选择有效的学习策略、有效提问，明确自己是怎么学习的，有意识地连接已有的知识，能够进行自我监管。

这里面有一个问题需要明确，就是怎么区分目标和活动（任务）。现在，大部分老师写在备课本上的教学目标，其实是教学活动或者教学任务，不用说学习目标，就连教学目标都算不上。比如说，当初二学生学习《骆驼祥子》的时候，教学目标是“绘制骆驼祥子的命运地图”。这是什么？这是教学活动。但是，我们许多老师将它作为教学目标写在了备课本上。真正的教学目标是什么呢？应该是“理清祥子命运变化的线索，能够标出代表性的关键词”。

另外，还应该将概括性的陈述转化为详细、可操作的学习目标。在一堂课上，要“让学生学会有效表达”，这就叫概括性描述，它没法实施。那怎么去转化呢？可以这样表达：“学生能够进行一次主题明确的5–7分钟的口头辩论。这个辩论要有一个清楚的导论、主要的前提、支持的论据和结论。在表述过程中，学生能一直使用正确的语法。”这才叫“有效表达”。

要把学习目标分解到每一堂课。只有可以分解到每一堂课的学习目标，才是可以操作的。表10-1是美国一所学校关于当日课程的学习目标，确定段落的中心思想；下一日课程的学习目标，概括字面意义上的中心思想；第三天课程的学习目标，进行推断，以确定中心思想。三天的课程都有非常明晰的目标。

表10-1：美国一所学校三天课程的学习目标

	我将要学到的内容	展示我所学知识的方法	我了解我所掌握程度（我所追求的目标）的方法
学生当日课程的学习目标：确定段落的中心思想	我将学到，中心思想是文章作者试图告诉我的最重要信息	我将阅读各段并从列表中选出各段的中心思想	我能够选出恰当的中心思想并解释其比其他选项更重要的原因
学生下一日课程的学习目标：概括字面意义上的中心思想	我将学到用一句话回答“作者所述内容的中心思想是什么”的问题	我将阅读各段并寻找作者所述内容的中心思想。通常，我会在主题句中找到这些中心思想	我能够用自己的一句话复述段落的中心思想
学生再下一日课程的学习目标：进行推断，以确定中心思想	我将学到用一句话回答“作者试图告诉我什么”的问题	我将阅读段落，思考段落中所有细节的相关性，并描述整个段落试图叙述的内容	我能够用自己的一句话概括段落的中心思想

让学习目标可检测。只有达到这样的要求，老师命题时才会特别简单，而且考教分离才容易实现。哪怕我不教这个内容，但是我出题来考你，我出的题也会和你的学习情况非常合拍。现在，我们不敢让别的老师命题来考其他老师所带的学生，为什么？因为我们的学习目标非常不一样。学的内容“一样”，结果一命题，老师们却会说：“你看他考的这些都不是我教的。”为什么？你确定的学习目标不可检测，别人没法

理解。

以学习“议论文论点与分论点”为例，预期结果：让学生找出文章的中心论点、分论点，并分析中心论点和分论点之间的关系。那么，哪些证据可以证明呢？那就是，学生能够在不同类型的议论文中，找到其论题、关键词，并概括出其中心论点，能够画出不同类型议论文中心论点与分论点之间的思维导图。有了这些证据，就说明你会了，你实现了我预期的效果。然后我们再去设计教学过程和教学任务。

这就是我们和学生成为同道的做法。事实上，就是到了我们教学最终要落地的地方。如果我们仅仅和老师是同道，那我们只是刚刚有了一个开始。只有在每个教学活动当中、在每个课堂里，当我们和学生有了清晰、明确、可操作、可检测的共同的目标的时候，我们的教育才会高效。

从 2014 年的报告“寻找”到今天的报告“寻找 2.0”，我向各位汇报了我自我认知的过程。

一个人最难做到的是什么？就是“认识你自己”。这件事是一生都很难完全实现的目标，但每个人必须开始这种尝试，因为如果连自己都不去认识的话，你就没法做判断，你就找不到发展、进步的起点。只有先“认识你自己”，然后才能“走向元认知”，去研究你是怎么工作的、你是怎么思考的、你是怎么解决问题的。

认识自己，确实挺难。我刚当校长时 30 多岁，那时我才知道自己眼睛小。年轻的时候，我读的都是《金光大道》《艳阳天》《野火春风斗古城》这些小说。这些小说里，正面人物几乎无一例外的都是长着“炯炯有神的大眼睛”，所以，我就把自己放在“炯炯有神的大眼睛”这个系列里面了。一直到 30 多岁当了校长后，突然有一天一个校长有点生气地说我“瞪着个小眼儿”，这时，我才知道自己眼睛小，但半信半疑，我又问了身边的一些亲人，他们说："你的眼睛是有点儿小。"所以，正确认识自己挺难的，要知道自己身上的缺点就更难了。

这就是今天我跟各位分享的一些心得，不当之处请批评、指正。

谢谢大家！

2016 年 12 月 · 北京

| 第十一讲 |

基于标准的学习

今天，我想就过去和今后一段时期的核心工作做一个比较系统的梳理。从这样的梳理中，我们寻找自己的位置，以丰富和完善今后一个时期学校的发展思路。

为什么要进行梳理呢？

首先，学校正处于转型的关键期。我们出版过一本书《学校转型——北京十一学校创新育人模式的探索》。传统的学校是将不一样的学生培养成标准化的模样，这是工业化时代的教育。“学校转型”就是转向更加关注个体，通过学生的自主选择慢慢让学生唤醒自己、发现自己，发现自己的潜能，用自己的优势去为国家和社会服务。

这个转型其实是漫长而艰难的，从清代末年到民国初年，从过去的书院和私塾走到今天班级授课制的现代学校制度，我们用了几十年的时间。像今天很多传统学校那样开设众多门类的学科，这在私塾里是不可想象的。当时人们认为只要学好了四书五经就可以考秀才、考进士、考状元，就可以当官了。从这样的私塾教育转到现在塑造全面发展人格的现代学校制度，用了近半个世纪。

今天，我们又要从传统的现代学校形态转到更加关注个体的成长、更加关注人的潜能唤醒的学校形态，我估计至少也需要30年。因为仅仅把一个结构、一个框架、一个体系构建起来，相对来说还算容易，而要真正将转型落实到课堂，落实到每天的教学活动中，那将是十分困难的。所以我说十一学校进入了转型关键期。

另外，互联时代带来的外部环境的急剧变化、中高考制度改革带来的新风向、不断增加新生力量的教职工队伍等，都是学校转型进入关键期的重要原因。从2010年学校推进改革开始，亲历过的教师对这场转型都有比较完整的认识，不管是在宏观上还是微观上，都有比较深刻的体验。但最近几年来，学校招聘了一大批新老师，他们并没有亲身经历过学校的转型。所以，我们需要共同梳理出一个框架，我们需要把自己认识得更加清晰，因为一个组织的自我认识能力决定了一个组织的未来。我们只有认清自己，才有可能知道自己现在在哪里，未来要到哪里去。

一、共同迈出了坚实的一步：构建育人模式

这几年，我们其实就做了一件事，就是共同迈出了坚实的一步：构建育人模式。具体可以分解成三个要素：构建了新的课程体系，推进了选课走班的教学组织形式变革，形成了学校新的治理结构。

新的课程体系

从新的课程体系来看，过去国家提出的教育目标是全面发展，现在虽然也是“全面发展”，但在《国家中长期教育改革和发展规划纲要

（2010—2020 年》中对全面发展做了进一步的明确解释，即“全面而有个性的发展”。这是新时期对育人目标的深化。这样的目标没有相应的课程支撑，是无法在学校里落地的。

在大家的共同努力下，十一学校从一刀切、僵硬的课程结构调整到低门槛、高选择性的柔性结构；从统一的课外时间和活动内容调整到自主时间增加、自主空间多样；从用一把尺子评价所有学生，转向了各就各位、各美其美、美人之美。学生的同伴关系，去掉了那种单一的硬性竞争后，彼此的相处与交往变得更加真实，这是令人欣慰的。这样一些转变就是为了让新的教育价值追求在校园里落地，为实现因材施教的千年理想提供可能。

因材施教从孔子提出来后，2000 多年过去了，但它并没有真正在校园里落地，为什么？当一位老师面对全班学生进行一样的教学时，他没法真正了解学生。他看不到真实的学生，这样的“因材施教”本身就是主观的。然而，当近 300 门课程摆在学生面前，让学生自主选择的时候，我们就真正看到了不一样的学生，有了实现因材施教的可能。

新的教学组织形式

新的选课走班的教学组织形式带来了什么呢？

可以从两方面来审视。

一是从教育的视角。教育始于平等关系下的真实。真实的学生和真实的问题，从来没有像今天这样暴露在我们面前，这挑战我们的教育智慧，激发我们的深度思考。不仅如此，这种变化还让我们既放眼森林更关注树木，进入了一个“不育人无法教书”的状态，教育、教学已经比较好地融合起来了。

二是从学生的视角。这种新的教学组织形式促使学生进行自主规划，让他们更加明确自己的目标，使他们逐渐学会了做真实的自己，充分表达自己，唤醒、发现自己；同时，放大的空间孕育了更多可能性，这使他们的朋友圈扩大，让他们结交了志同道合的同伴。过去来到学校就把你分到一个班，给你一个同桌，这种“拉郎配”的方式，虽然让学生也结交了很多同学，但那些同学毕业后却很难走到一起，能够一块创业的就更少了。为什么？因为他们的志趣、他们的职业目标不一样，只是因为学校把他们分到一个班，让他们成为同学。现在，寻找同伴的过程对学生来说是一笔宝贵的财富。刚来的学生不适应是正常的，当他通过两个月、半年适应了这个交往过程，也就成功培养了自己的能力——这正是社会未来需要的能力，他在学校里成长了。

新的学校治理结构

新的学校治理结构带来了什么？

最重要的是，学校治理主体的多元性已经充分体现，明确了六个治理主体，分别是教职工代表大会、校务会、党组织、学术委员会、学生代表大会和教师家长委员会。

我们已经把这一治理结构写进了学校章程，下一步还要不断深化，不断赋予各个权力主体更明晰的权力、责任和利益。

这六个不同的主体，目前，有些方面我们做得强一点，像教职工代表大会、党组织和学术委员会；有些方面还需要进一步挖掘，像学生代表大会；有的方面我们要随着时代的变迁不断去完善，像教师家长委员会，为什么？现在，划片招生的体制还不是很成熟，所以我们还不敢轻易让教师家长委员会这个复杂的治理主体过多介入学校。当然，它一定会慢慢完善起来的。

这样的治理结构，带来的首先是定位明确。每个主体的职责、边界都很清晰。其次，这种治理结构使我们的决策做得更专业。不是什么事都是由行政干部，或者校务委员会，或者校长来决策，这种治理结构让不同领域的专业人士去思考、去做相应的决策。这样做同时还分散了风险。一个组织最大的风险就是一个人说了算。当我们把决策分散到六个不同的决策主体那里的时候，我们的决策风险就大大降低了。某一次、某一个决策主体出了问题，还有其他主体的制约，风险不会是毁灭性的。假设全部由校长、校务委员会决策，一旦错了就是 100% 的风险。所以，我们希望通过这种治理结构，让学校变得更加安全。

我们已经构建的育人模式的框架，包括课程体系建设、教学组织形式变革和学校治理结构重塑，在一个完整的育人体系当中，这还只是冰山的可见部分，对此大家也都比较清晰。（见图 11-1）

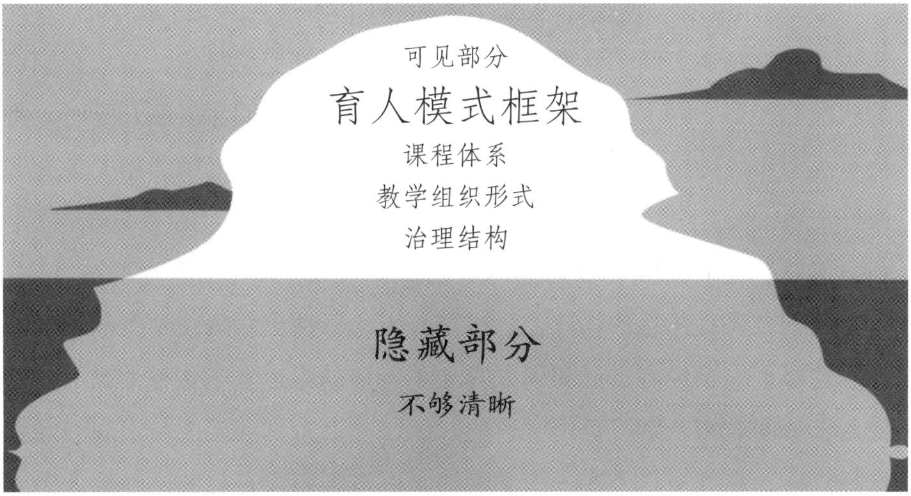

图 11-1：育人体系犹如一座冰山

但是冰山之下隐藏的部分，我们感觉不够清晰。

那么，如何让隐藏的部分变得清晰呢？

在去年夏天的会议上，我曾经跟各位汇报了一个新战略“3+1”，当时我们就试图去破解一些东西。

我先说后面这个“1”。这个“1”指的是对老师和学生的贴心服务。在这个方面，我们已经做了比较多的工作，下一步要做的是打造一站式师生服务平台。在马上要启动的学校图书馆改造项目中，图书馆整个一层将被改造成服务大厅，大量服务项目将通过技术解决，这样会让师生感觉更便捷。十一学校要把从幼儿园到高中的整个K−12课程完善起来。学校还要打造“大十一”教育航母，构建安全、强大，具生长性的学校生态圈，并通过创新方式解决教职工在生活中遇到的问题。

说到“3”，第一，指的是课程体系。在这个方面，无论是学校的课程研究院还是各个学科、年级，都做了大量工作。尽管还没有做到非常完善的程度，但各项工作进展顺利。

第二，指的是“连接”。从去年夏天Wi-Fi覆盖全校后，我们的老师、学生，包括师生之间，从教学到管理各个领域都变得很快，与一年半前的状况已经不一样了。这个工作我们会继续推进，明年暑期开学时，将会有两个年级的学生实现全部自带笔记本电脑上课。老师和相关各方要做好准备。

第三，我们提出了“学程”这一概念。

我们在课程体系的构建上已实现一人一张课表。每位学生从宏观的课程选择上，已经有自己和别人完全不一样的跑道。在这种情况下，当他走进每间教室、学习每门学科的时候，就会特别渴望能与宏观的课程选择一样，在教室里、在一个学期的学习过程中，自己的、与他人不一样的学习路径，不一样的思维方式，也同样能够被尊重，能够在自己的学习过程中发挥最大优势，并让自己得到不一样的发展。这对我们的挑战是很大的。

在这一点上，我们希望和前面可见的这个育人模式框架能够相统一。在这个可见的育人模式框架中，我们一再追求的价值观就是选择、唤醒和发现。这些价值观是教育的本质要求。那么，我们的价值观如何才能贯通到隐藏的部分呢？在看不见的这个部分里，在教学实施这个领域里，在每个学科的学习当中，在每位学生的成长之中，将冰山上面可见部分的育人模式追求的教育价值观，贯穿到底，也同样是选择、唤醒和发现。

二、共同迈向更坚实的征程：基于标准的学习

在这个方面，我们已经做了大量探索，像课程标准细目的开发、学习路径的研究、为每一位学生的学习而设计、诊断工具的开发、自带设备的推进、教室分区、学生分类，包括我们从去年寒假开始的教学驱动，都收到了不同程度的成效。这在为学生提供不同的成长路径，满足学生不同的学科学习需求，帮助学生发展自己的优势，形成自己个性化的成长方式等方面，都起到了不同程度的作用。

但许多时候我们还是感到非常纠结，甚至感觉非常尴尬，为什么？当我们希望用一个全新的教学方式，把更多的空间和时间还给学生的时候，往往会出现这样的情况——一放就乱，一收就死。为什么会这样？我想，是因为我们把大部分精力和时间，都用在了教学过程与学生学习过程的研究中。我们发现，仅仅在教学过程中投入精力很难解决这一问题，我们必须把它放到系统中做整体的思考。

那么，这样的系统还包括什么？首先，依据细化的标准，确定学习目标，然后是提供资源，这些资源包括评估量表、资源包、脚手架、工具箱；然后，才到教学过程；之后还有基于学习目标的检测。（见图 11–2）

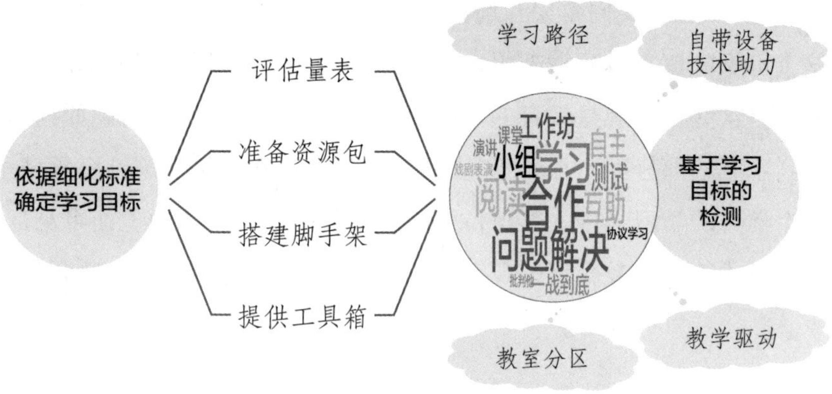

图 11-2: 基于标准的学习系统

去年寒假我们开始推进的教学驱动，给各位老师提供了课堂观测的 5 个维度，其中第一个维度就是师生共同明确学习目标。

在实践的过程中，我们发现了一个有趣的现象：对学习目标的理解出现了两极分化的状况。一些老师认为我们已经写了 20 年了，每次备课都写教学目标，这是很容易的。另一些老师经过深入研究后发现，将课程标准转化为学习目标实在是太难了，所以，大家选择这个维度进行研究的比较少。而恰恰这个维度才是整个系统的“第一粒扣子”。

以细化的课程标准为基础，明确可操作的学习目标

在这样一个系统中，根据各个学科和各个年级的状况，下一步我们有可能会涉及不一样的领域，去进一步深化、开发，但从学校层面我们感觉有几个关键点需要梳理清楚。

一是以细化的课程标准为基础，明确可操作的学习目标。这句话包含了两层意思。一是学习目标不是无源之水，它的依据是上位的课程标

准。因为无论是国家确定的课程方案的实施，还是中考、高考，都要以标准为依据。所以，我们在每一堂课、每一个单元里确定学习目标的时候，也必须从标准出发。

二是学习目标一定要可操作。一个友好的课程标准，它应该有层次、多维度、可操作。

在从课程标准转向学习目标的时候，怎么防止我们的标准有遗漏或者没有完全落地呢？有一个很好的做法，就是设计一个标准检查表。以一个年级的学习内容为单位，明确每一项标准落实在哪一个教学内容里、在哪一些内容里会重复出现某一项标准。要螺旋式解决标准要求的落实。总之，就是通过这张检查表来核对，用学习目标落实课程标准。

确立了学习目标后，学习目标就成为学习内容规划、教学程序开发、测试以及复习等过程的依据。

一个好的学习目标在提高学生学业成就方面的作用是什么？首先影响的是教师。学习目标使教师能够有效实施教学，然后是能让学生进行有意义的学习。只有明确了目标的学习才是有意义的学习。好的学习目标，让学生时时感觉到自己所做的事情对实现目标是有作用的。学习目标使学生每个具体的学习内容、每个具体的学习过程都变得有意义。这样，在教师有效实施的教学和学生有意义的学习的互动中，最终提高了学生的学业成就。

有了明确的学习目标，对教师会有什么帮助呢？

研究表明，至少在七个方面会有积极作用。分别是教学规划与实施、有效的提问、更好的理解力、推进学习进程、提供脚手架、检测学生的进步、个性化的课堂指令这七个方面。有了明确的学习目标后，教师就会在这些领域里做得更加务实、高效，更有指向性。

从学生的角度来说，一个好的学习目标会有什么帮助呢？研究表明，至少也有七点，即在适用于本课时的目标设置、自我评估、选择有效的学习策略、有效的提问、有比较好的自我认知、有意识地连接已有的知识、自我监管等七个方面有积极作用。

以满足不同学生学习需求为目的，进行多样化学习资源建设

我们过去经常说要“用教材教，不要教教材”，但实现起来很困难——因为我们缺乏可操作的课程标准和学习目标。如果我们有明确的课程标准和学习目标，那么，我们就会发现仅仅“用教材教”是不够的，我们需要用“资源”来教。教材只是众多资源中的重要内容之一。

在这里，我们还有大量工作要做，包括怎么去梳理、借鉴和研发。我们学校里的每位老师，电脑里那些宝贵的资源，怎么做才能让大家受益？我们应该探索出一个知识产权的保护和购买机制，能让大家把好东西拿出来与他人分享。我们校内的分享机制应该打通本部和国际部。另外，我们还想借用第三方的力量，国内外的研究机构、培训机构和出版社。

借鉴、改造教学与学习工具，让教学高效、可控，直抵目标

研发一个工具是很不容易的，所以在开始阶段我们需要最大限度地采用拿来主义，去借鉴与改造。

道格·莱莫夫在《像冠军一样教学：引领学生走向卓越的62个教学诀窍》的前言中说，“伟大的教学是一门艺术。在其他艺术门类中——如绘画、雕塑、小说创作，大师们娴熟地利用基本工具，将最原始的材料——石头、纸张、油墨变为极其宝贵的社会财富。这种点石成金的技艺令人惊异，因为在旁人看来，这些工具平淡无奇。谁会将眼前这些凿、

槌、锉刀时常同米开朗琪罗的大卫雕像联想在一起呢？”“每一位艺术家——包括教师在内——都是一位工匠，其任务是研究一套工具，并挖掘这些工具的使用秘诀”，毕加索“首先是一位工匠，然后才是一名艺术家”。

道格·莱莫夫的话充分说明了工具的重要性。我把我们的工具分成两种。一种是脚手架。脚手架通常是在学生开始学习前就给他搭建出来，以帮助学生攀升到需要的高度或者合适的位置。一种是提供给学生的工具箱。学生可以根据自己的需求和不同的学习方式，自主选择使用。

脚手架

先说脚手架。

下面是一位学生学习文学作品时有关流程的一个脚手架：从背景展开、情节发展、问题与矛盾、解决方法到结局（见图 11–3）。有这么一个脚手架，学生在分析文学作品时，不但有了一个思维方式，而且一

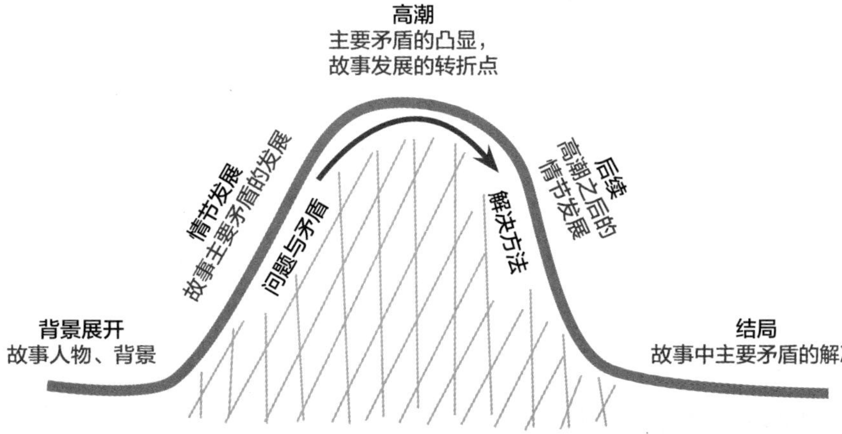

图 11–3: 文学作品中故事发生的先后顺序

旦哪一个作品跟这个结构不一样的时候，还会碰撞出一些新想法。

如果我们的学习目标不是为了培养收集信息的能力，而是要培养学生的的思维能力，我们应该怎么设计问题呢？

举一个例子。

“在竞选总统的过程中，围绕对华贸易，特朗普、希拉里提出了怎样的观点，你怎么评价？”这样的提问，很容易让学生花费大量时间和精力去收集信息，而且收集来的信息也不一定方便我们解决眼下的学习目标。这不是一个好的脚手架。我们再来看下面的表述：“在竞选总统的过程中，围绕对华贸易，特朗普和希拉里分别有这样一些观点，请你分析其中的不同。”

表述中分别列出了两人的观点。这些观点是经过筛选的，避免了学生在思维的洼地里徘徊，有利于学习目标的实施。

如果希望让学生进入一个矛盾的情境，让他们面对更大的思维冲突，则可以这样设计：“在竞选总统的过程中，围绕 TPP，特朗普和希拉里有着截然不同的观点，且都声称是为了美国利益，对此你怎么评价？”

这样的脚手架就让学生置身于一个无法回避的矛盾情境里。

一般的工具

下面，我们来讨论一般的工具。

一般的工具，指的是学生在学习的过程中，供他们自己选定，可以在不同场合，根据不同情况使用的工具。这相当于我们给了学生一个工具箱，里面有扳子、钳子、螺丝刀，甚至电钻、电焊机。这些工具他用不用、什么时候用，由每位学生自主选择。

工具的作用不可低估。

前些年，校园安全问题让我们胆战心惊，有些家长开车进入校园，甚至以很高的速度长驱直入。学校有制度，我们也对他们进行教育，但效果不明显。后来，学校设置了几个路障，就顺利解决了这个问题。我们在课堂上也同样可以借助工具解决问题。比如，今天、明天、后天，这个星期、那个星期你经常提出一些要求，但效果并不好，那些事都是什么，你可以把它们列出来，想想能不能用工具来解决。

有些工具是用来组织教学的。学校国际部的文学教室里，在白板的右上方，放了一个计时器。滴答滴答的计时声，为学生营造了一种学习的紧迫感。

有些工具可以引发学生深入思考，比如“5个为什么”的追问工具（见图 11-4）。

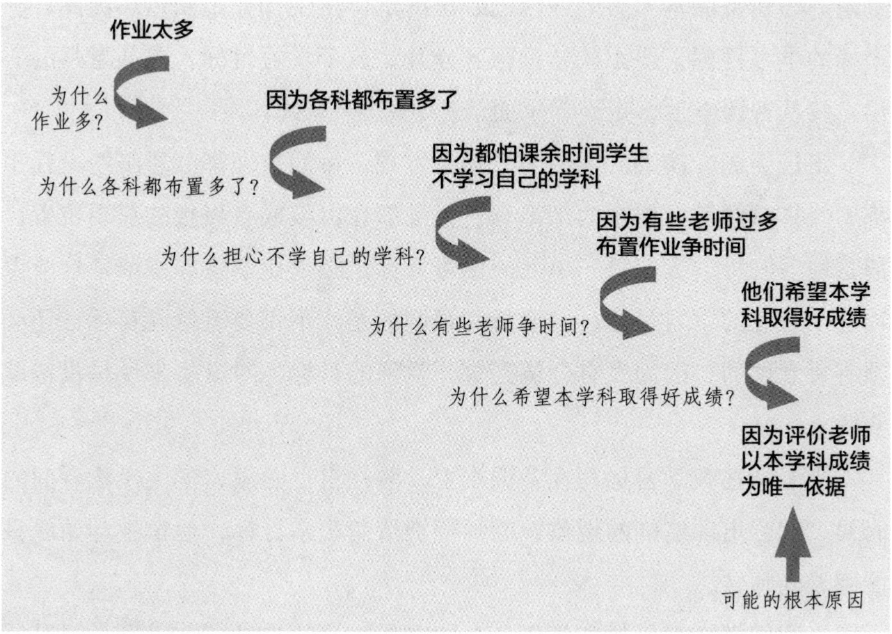

图 11-4: 问题追问工具：5 个“为什么”

经过5次追问，我们发现，问题的根子在校长身上，根本问题是要解决评价标准。

重点与难点

在我们整个基于标准的学习体系中，我们的重点和难点究竟是什么？应该就是师生如何明确学习目标，因为这是“第一粒扣子”。

区分教学目标和学习目标

一谈学习目标，有很多老师会说：“我们每次备课都写，一般写三条。”可是，写在备课本上后老师自己心里清楚，学生却并不知道。因此，一个好的学习目标，要跟教学目标区分开。这个学习目标，要从老师的心里，要从备课本上，走到学生面前。

走进美国、澳大利亚的学校你会发现，每间教室都五彩缤纷，几乎都不一样，但有一样东西却都有，就是都在白板或者黑板的显要位置，清楚地写着每一天、每一单元的学习目标。必须让学生非常清楚这节课或这个单元的学习目标。需要特别强调的是，不仅要有单元目标，还必须有每堂课的。因为没有分解到每一堂课的目标，对学生来说是没法落实的。

当老师把教学目标写在备课本上，装在自己心里，学生没法看到的时候，就会出现这样的现象：老师特别清楚教学目标，但学生却始终只能围着老师转。

当我们把学习目标和学生分享的时候，当师生共同明确了学习目标的时候，就会出现这样的景象：教师和学生同时把注意力朝向学习目标。在这种情况下，即使教师教学偶尔出现一点儿空白，学生也会非常清楚自己的目标。

要区分目标与活动

为什么说我们写在备课本上的教学目标没法操作？我们虽然写了很多条，其实都不是目标，而是活动。比如，学习《骆驼祥子》时，过去我们写在教学目标里的“绘制骆驼祥子的命运地图”，这其实不是教学目标，更不是学习目标，而是一个教学活动。学习目标应该这样表述：“理清骆驼祥子命运变化的线索，能够标出代表性的关键词语。”

将概括性陈述转化为学习目标

比如，让学生学会“有效表达”。那什么叫有效表达？要真正把它变成学习目标，起码在某一堂课上应该这样来表述：“学生能够提供一个有关他们选择主题的5-7分钟的口头辩论。这个辩论将有一个清楚的导论、主要前提、支持论据以及结论。在表述的过程中，学生能一直使用正确的语法。”

把学习目标分解到每堂课

过去，我们的教学目标以单元为单位，教师自己非常清晰，但并没有分解到每一堂课。其实，站在学生的角度，我们必须将目标分解到每一堂课，而且要弄清每一堂课与单元学习目标的关系。凡是不能具体到每堂课的目标就不是真正的学习目标。因为只有分解到每一堂课的学习目标，才是可以操作的。

让学习目标可检测

有了内容标准后，评估也要与学习目标相一致。

在确定学习目标的时候，有一种逆向学习设计法（见图 11-5）。

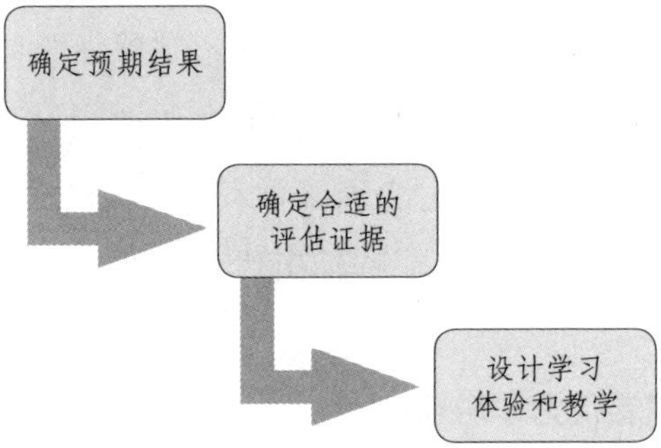

图 11-5: 逆向学习设计法

每当接触到一个学习内容时，首先，“确定预期结果”。就是学习这部分内容时，我们希望今天学生学完后达到什么结果、明天学完后达到什么结果、这一单元学完后达到什么结果，先预期确定学习完后应该达到的结果。然后，“确定合适的评估证据”。说一位学生达到了这个水平，是什么样的表现证明他达到了，要把这个理清。然后，再来“设计学习体验和教学”。整个过程是用逆向的方式来设计的。

现在，让我们再回到前面提到的那个隐藏在冰山下的学生的学习过程，或者叫课程实施的过程。在这个过程里，正因为有了标准，所以我们在确定学习目标时才会心中有数、从容淡定。确立的学习目标最终是指向标准的。接下来的就是围绕学习目标展开的学习历程。学习历程部分，应该各有特色、丰富多彩。根据国际教育教学改革的潮流，我们大致可以把这个隐藏在冰山下的课程实施，概括为基于标准的学习。

在这个基于标准的学习系统中，我们每个学科、每个教研组、每个课程组、每个年级可能都有不同的探索。我们需要从实际出发，从容淡定地、慢慢地做一些符合自己实际的探索。我们不希望在这个探索过程中大家一拥而上，更不希望搞成一个运动。我们希望大家要慢一点儿，想清楚，一步一步地往前走，而且走的路径应该是自主的。但是我们应该明确我们未来的方向。为什么？因为只有明确了方向，无论走得多慢，我们才能知道自己在越来越接近目标。

我希望未来在可见的“育人模式框架”下面隐藏着的宝藏，就是“基于标准的学习系统”（见图 11–6）。

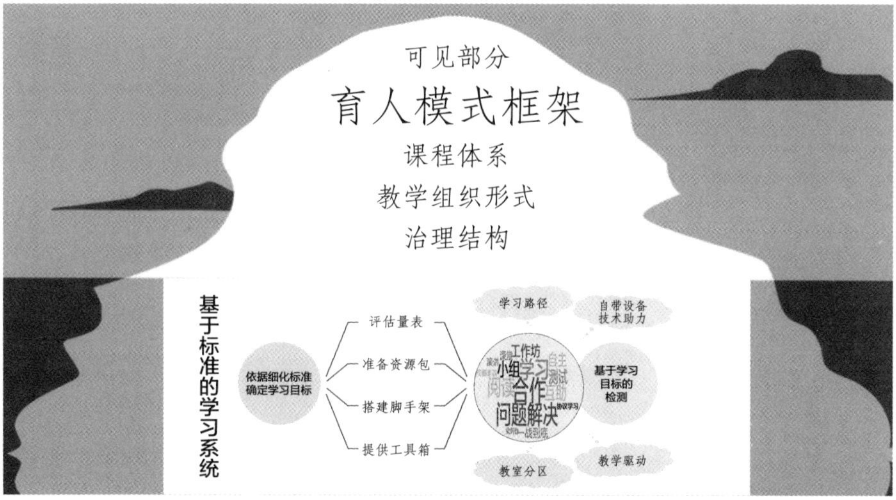

图 11–6: 育人体系犹如一座冰山（新）

一旦我们完善了这个系统，对中国基础教育的贡献就是不可估量的。这样一种努力，可以让处在不同岗位上的我们，都成为中国教育行业中不可替代的领军者。

谢谢大家！

2016 年 12 月 · 北京